本研究受国家自然科学基金项目

——中国式分权下区域环境规制对节能绩效的影响：异质性效应及其形成路径（71764009）

和江西省社科基金重点项目

——数字化赋能长江中游城市群工业低碳协同发展的机理与路径研究（23YJ05）、

"双碳"目标下城市群碳排放差异与补偿性交易机制研究（22JL01）资助

Environment

中国区域环境规制
与节能绩效

Regional Environment Regulation
and
Energy Conservation Performance
in China

邹艳芬　陆宇海　万小影　著

社会科学文献出版社
SOCIAL SCIENCES ACADEMIC PRESS (CHINA)

摘　要

近年来，能源与环境问题已成为世界经济发展中最受关注的问题之一。我国工业化和城镇化建设步伐的加速，在持续助推经济高速增长的同时，也引起了能源需求的大幅提升，经济社会发展面临的能源约束和能源利用引起的环境问题越发凸显。面对环境污染问题，中国政府制定了一系列的目标和政策来促进节能减排，提高中国对全球减排的贡献。为了真正改进环境规制，有效激励次区域节能，本书拟在中国式分权背景下，研究环境规制对节能绩效的影响效应及其形成路径，为环境规制的优化提供参考依据，为节能减排目标的实现贡献力量。

首先，在文献研究基础上，从理论层面深入探讨中国式分权、环境规制和节能绩效的关系机理。以中国 29 个省域为研究样本，实证分析发现，从环境规制的三个环节（支出、监管和收益）来看，环境规制对节能绩效（能源利用效率、能源消费总量和能源消费结构）的影响效应明显，并具有显著的时空异质性，即时间维度的动态发展规律差异和空间维度的效应分布格局差异。

其次，系统研究了中国式分权下，环境规制对节能绩效影响的异质性效应的形成路径。在环境规制对节能绩效的众多影响路径中，初步确立了产业结构、FDI 和技术进步三条主要路径，并使用经验分析和决策树算法研究异质性效应的形成机理和路径。基于停止规则最为宽松的 CHAID（Chi-Squared Automatic Interaction Detector）算法，采用定量分析方法，从数理逻辑层面，确定三条路径的进入顺序，并结合中介效应模型进行实证研究。

再次，从区域视角进行节能减排的政策设计。基于系统动力学模型，从经济、人口、科技、能源和环境等要素出发，构建节能系统模型；通过对该模型进行有效性检验，依次提出保持原状、单一政策、政策组合仿真方案，模拟不同环境规制政策工具下的节能绩效，以我国经济社会发展现状为基准情景，并考虑人口、城市化和技术进步等主要因素的发展趋势，采用情景模拟和对照分析法，对节能减排政策进行仿真分析，得出最优的工具组合、最适的政策力度和最佳的实施时间等结论，提出我国节能减排的政策优化策略。

最后，从微观的企业视角，基于"全流程治理"理念，将环境规制模式重新分类并界定为末端治理、过程治理和源头治理三种；进而依据斯科特新制度主义的综合分析框架，从逻辑基础、作用空间、效应主体三个角度探究三种模式的协同演进逻辑；之后采用机器学习方法，以1950年至2022年《人民日报》的文本数据为数据源，统计测度并实证分析三种模式的协同演进逻辑及其对企业能源利用效率的影响效应。研究发现丰富了环境规制理论内涵，揭示了环境规制模式的协同演进规律，拓宽了环境规制效应研究的理论边界。

目　录

1 环境规制与节能减排：背景与路线

1.1 研究背景

1979~2010 年，中国经济年均增速在 10% 左右，中国经济 30 多年的高速发展，付出了极其沉重的资源与环境代价。据国家发改委和世界银行等机构的分析和预测，如不采取特殊措施，到 2030 年，我国能源资源消费给区域生态环境带来的严重破坏会远远超过环境承载能力。2023 年冬季，中国局地大面积的严重雾霾景象，使我们再次认识到我国节能减排面临的巨大压力。

1.1.1 国际背景

当今世界正处于"气候十字路口"，大自然不断向人类发出"红色警报"。由化石燃料燃烧和森林砍伐造成的温室气体排放正在扼杀我们的星球，并使几十亿人面临直接风险（韩超等，2021）。《地球物理研究快报》的一项最新研究显示，过去 20 年，由于气候变化造成海洋变暖，地球上空的明亮云层减少，地球的反照率显著下降，这可能会进一步加速气候变化。这并不是气象学家们危言耸听，我们必须"自救"（Bai et al.，2023）。

2021 年 8 月，联合国政府间气候变化专门委员会（IPCC）在

《2021年气候变化：自然科学基础》报告中指出：如果不采取重大举措削减温室气体排放，未来20年全球升温幅度将达到1.5摄氏度；如果未来几十年不进行深度减排，那么本世纪将突破2015年《巴黎协定》达成的2摄氏度"关键升温门槛"。这不仅是温度的问题，还是严重的气候变化问题。当前，不同地区面临的高温、强降水等极端天气事件增多，极端天气事件的发生频率大幅上升，自然生态系统已经达到承载的上限，目前还正在遭受不可逆转的破坏（Bu et al.，2022）。

温室气体排放和全球变暖之间的联系以及由此产生的破坏性影响已被广泛了解和接受。为了减轻这一威胁，多国政府制定了雄心勃勃的战略目标，即到2050年实现温室气体净零排放（碳中和）。其中关键的环节就是能源的使用。节能绩效的提高是全球战略目标实现的重要基础和保证，我们比以往任何时候都更需要提升能源利用效率、节约能源投入、优化能源结构等，进一步控制能源消费强度和总量，实现碳中和（Chen X and Chen M，2024）。然而，经济持续增长也是当前各个国家追求的目标，这必然会增加全球能源需求（何可等，2023）。《BP世界能源展望（2024年版）》指出，在新兴经济体日益繁荣和增长的推动下，全球能源需求持续增长，2019~2023年，平均每年增长约1%，低于2010~2019年的年均增长率（约2%）。自2019年以来，低碳能源投资增长非常迅速，到2023年约达1.9万亿美元，增长了50%左右。但是，低碳能源的发展还难以满足全球能源需求的增长，成功和持久的能源转型从未像现在这样重要（Currie et al.，2023）。针对当前和净零排放两种情景，预计2022~2050年，全球GDP年均增长率仅为2.4%，低于1995~2022年年均近3.5%的水平，即便人口增长放缓，人均GDP增长疲软，到2050年，世界经济规模仍将增长1倍，由此带动的能源需求增长，需要通过能源利用效率提高、能源结构优化等抵消。尤其是新兴经济体，其能源需求在2030年前后达到峰值后下降，到2050年，其能源需求将比2022年的水平低约10%。中国的能源需求在 2025 年后达峰；到 2050 年，两种情景下的能源需求预计分别比 2022 年的水平低 15% 和 35%。[①] 世界范围内的能源需求增长、污染物排放减少和经济增长等多重目标，都需要通过提升节能绩效来实现（Dong et al.，2021）。

1.1.2　国内背景

改革开放以来，中国经济实现了持续高速增长，但不可否认的是，经济的快速增长在一定程度上是以能源大量消耗和环境污染加剧为代价的（贺三维等，2022）。由耶鲁大学环境法律与政策中心、哥伦比亚大学国际地球科学信息网络中心（CIEsIN）联合实施的一项综合评估工具——环境绩效指数（Environmental Performance Index，EPI）显示，2018 年和 2024 年，在参与调查的 180 个和 178 个国家和地区中，中国的整体环境绩效得分分别为 50.74 分和 43 分，在全球排第 120 位和 118 位，排名比较十分靠后。与此同时，极端天气事件频发。据国家防灾减灾救灾委员会办公室的分析，2024 年上半年，我国自然灾害以洪涝、地质灾害、干旱、风雹、低温冷冻和雪灾为主，地震、台风、沙尘暴和森林草原火灾等也有不同程度发生。各种自然灾害共造成全国 3238.1 万人次不同程度受灾，因灾死亡失踪 322 人，紧急转移安置 85.6 万人次；倒塌房屋 2.3 万间，损坏房屋 27.9 万间；农作物受灾面积 317.21 万公顷；直接经济损失 931.6 亿元。[②] 这引起政府、公众和政策制定者的高度关注，亟须在遏制环境恶化趋势和实现经济持续健康发展之间寻找一个平衡点（胡志高等，2019）。

2024 年 7 月，国家统计局新闻发言人就 2024 年上半年国民经济运行情况答记者问并介绍党的十八大以来中国改革发展取得的突出成

---

① 《全球能源转型正处于"能源补充"阶段》，中国石油新闻中心，http://news.cnpc.com.cn/system/2024/07/16/030137200.shtml，2024 年 7 月 16 日。

② 《国家防灾减灾救灾委员会办公室 应急管理部发布 2024 年上半年全国自然灾害情况》，中华人民共和国应急管理部网站，http://www.mem.gov.cn/xw/yjglbgzdt/202407/t20240712_494600.shtml，2024 年 7 月 12 日。

就。数据显示，2013 年至 2023 年，中国以年均 3.3% 的能源消费增速支撑了年均 6.1% 的经济增长，能耗强度累计下降 26.1%，中国是全球能耗强度降低最快的国家之一。能耗强度是衡量能源资源利用效率的关键指标，与经济发展的质量及碳排放密切相关。根据国际能源署测算，到 2050 年，节能和提高能效对全球二氧化碳大规模减排的贡献率高达 37%，节能和提高能效是实现碳减排最主要，也是最经济、最直接的路径。[①]

可以看到，近 20 年来，中国政府在节能减排、保护生态环境、发展低碳经济、提升能源绩效等方面做出了一系列努力，把节能减排和保护环境上升到法律层面（黄和平和李莹，2023）。我国先后颁布了一系列与节能减排和保护环境相关的法律法规和政策，如 2014 年正式出台了《国家应对气候变化规划（2014—2020 年）》，2014 年修订了《环境保护法》[②]，2015 年修订了《大气污染防治法》等。与此同时，根据国家统计局数据，全国环境污染治理总投资从 2008 年的 4937 亿元增加到 2017 年的 9539 亿元，年复合增长率达 7.59%。虽然我国环境污染治理投资逐年上升，但截至 2017 年，我国环境污染治理投资占 GDP 的比重仅为 1.2%。从国际经验来看，当环境污染治理投资占 GDP 的比重在 1%~1.5% 时，可以控制环境恶化的趋势；当比重达到 2%~3% 时，环境可以有效得到改善。《全国城市生态保护与建设规划（2015—2020 年）》强调，到 2020 年，我国环保投资占 GDP 的比重不低于 3.5%。除了加大治污投入力度，中国政府正在积极寻求提高能源效率、减少污染排放量的有效途径（Sun et al.，2020）。

"十二五"规划要求控制温室气体排放，增强适应气候变化能力。"十三五"规划明确提出优化产业和能源结构，加强重点领域节能，大力推进污染物达标排放和总量减排。在 2020 年 9 月 22 日举行的第 75

---

① 《中国加快能源绿色低碳转型》，中华人民共和国中央人民政府网，https://www.gov.cn/yaowen/liebiao/202407/content_6964065.htm，2024 年 7 月 23 日。

② 本书对各类法律法规使用简称。

届联合国大会一般性辩论中，中国提出采取更加有力的政策措施，力争在 2030 年前达到二氧化碳排放峰值，力争在 2060 年前实现碳中和，同时到 2030 年，单位国内生产总值碳排放比 2005 年下降 60% ~ 65%。2021 年政府工作报告和"十四五"规划对碳达峰碳中和目标进行整体布局，促进经济社会发展全面绿色转型。显然，中国政府已将绿色可持续发展提升至中国基本国策的高度（Li and Lin，2017）。

2021 年 9 月 11 日出台的《完善能源消费强度和总量双控制度方案》明确指出，要将能源要素优先保障居民生活、现代服务业、高技术产业和先进制造业，同时鼓励地方增加可再生能源消费，对于超额完成激励性可再生能源电力消纳责任权重的地区，超出的消纳量不纳入当期能源消费总量考核（贾俊雪等，2023）。实行能源消费强度和总量双控是党中央、国务院加强生态文明建设、推动高质量发展的重要制度性安排，是推动实现碳达峰碳中和目标的重要抓手（金刚等，2020）。9 月 26 日，在中关村论坛"碳达峰碳中和科技论坛"上，全国人大常委会副委员长、中国科学院院士丁仲礼在主旨报告中指出实现碳中和，要从能源生产、能源消费和固碳"三端发力"，"技术为王"是鲜明特征；要从"引进、吸收、再创新"的传统创新模式向原始创新、颠覆性创新转变，勇于针对未来需求，主动开展有较高失败风险的探索。

当前，在世界各国政府的政策实践中，环境规制在处理环境问题外部性的成效方面已得到广泛认可（赖小东和詹伟灵，2023）。正处于转型时期的中国，从战略到战术层面正多措并举，力求选择合理有效的环境规制政策工具，实现经济增长和节能减排的双赢，最终达到经济、能源和环境的可持续发展，这之间的黑箱就是节能绩效。

1.2　研究意义

能源安全和气候变化是政界和学界共同关注的热点问题。作为最大的能源消费和碳排放国，我国节能减排压力越来越大。对此，在 2009

年哥本哈根全球气候大会前夕，我国政府宣布，到 2020 年，单位 GDP 二氧化碳排放比 2005 年下降 40%～45%。2014 年 9 月，我国正式印发了《国家应对气候变化规划（2014—2020 年）》，不仅再次重申上述目标，还明确提出到 2020 年，非化石能源占一次能源消费的比重达到 15%左右，工业、建筑、交通、公共机构等重点领域节能减碳取得明显成效。根据《强化应对气候变化行动 ——中国国家自主贡献》，中国 2030 年的自主行动目标为：二氧化碳排放 2030 年左右达到峰值并争取尽早达峰；单位国内生产总值二氧化碳排放比 2005 年下降 60%～65%，非化石能源占一次能源消费比重达到 20%左右等。要达成上述目标，解决能源与环境及经济之间的严重冲突，目前所倡导的节能减排必须取得实效（李虹和邹庆，2018）。

1.2.1　理论意义

学术界关于环境规制的研究已经形成了大量文献，仅从知网进行查询，截至 2023 年 12 月，相关期刊论文从 2010 年的 46 篇增长到 2023 年的 4684 篇，呈逐年上升的态势。但将环境规制与节能绩效联系在一起，研究环境规制对节能绩效的影响效应，以及影响效应的形成路径等方面的成果还明显不足，因此，本书在理论上的意义主要体现在以下几个方面。

第一，从环境规制和节能绩效双向耦合视角重新划分研究区域。依据区域环境规制和节能绩效的界定及统计测度，从双向耦合的角度进行区域的重新划分，改变已有成果依据传统地理区划和行政区划研究环境规制和能源问题的"非针对性"，这将有效地丰富区域节能管理理论。

第二，从节能绩效的视角研究环境规制的政策效应并优化政策设计。环境规制主要是通过改变能源绩效发挥作用，因此，通过研究环境规制对节能绩效的影响效应，能更好地理顺环境规制的作用机理，为优化相关的环境政策提供参考，拓展环境规制的理论研究。

第三，对异质性效应及其形成路径进行研究，剖析环境规制对节能绩效影响的形成机理。运用空间误差模型和中介效应模型，从空间、时间因素入手揭示环境规制对节能绩效影响的异质性效应，再通过分析异质性效应的形成路径（产业结构、技术进步和 FDI），剖析区域环境规制对节能绩效影响的形成机理，弥补这一理论研究目前较为单一和非系统性的不足。

1.2.2　实践意义

中国式分权下，能源管理采取的是标准的自上而下方式，政府规制，尤其是环境规制对节能绩效的影响重大（张华和魏晓平，2013；李磊和卢现祥，2023）。同时，环境规制旨在实现环境友好，而从著名的"波特假说"和"绿色悖论"（Sinn，2008）等的验证过程可以发现，能源状况是这些著名理论和假说成立的关键，能源是连接环境规制和环境绩效的黑箱（郭俊杰等，2024）。因此，为了真正地改进环境规制，有效激励次区域节能，必须在中国式分权背景下，研究环境规制对节能绩效的影响效应和形成路径，为环境规制优化提供参考依据，为节能减排目标顺利达成提供保障。因此，本书在实践上的意义主要体现在以下几个方面。

第一，从节能绩效的角度，优化环境规制是提升能源利用效率、减少温室气体排放、实现可持续发展的关键。环境规制应以稳定提升节能绩效为基础，进而达成最终的环境绩效目标。同时，应考虑空间、时间方面的异质性，有针对性地制定相关环境政策，保障政策效应的精准发挥。此外，注重不同类型的环境规制政策工具的组合，充分发挥政策工具之间的良性协同作用，避免政策工具的无效叠加。

第二，从产业结构、技术进步和 FDI 角度，大力发展清洁能源、绿色制造等低碳产业，逐步淘汰高污染、高能耗的传统产业，从源头上减少能源消耗和污染物排放。充分认识技术创新是提升节能绩效的最重要路径和手段。鼓励企业加大研发投入，推动节能技术的研发和应用，提高能源利用效率和环境治理水平。同时，加强产学研合作，促进科技成果的转化和应用。积极引进和利用 FDI，引进先进的环保技术和管理经验，提升环保意识和治理能力。鼓励外资企业投资清洁能源和环保产业，推动节能绩效的快速提升。综上所述，通过优化产业结构、加强技术创新和积极利用 FDI，有效提升节能绩效，实现可持续发展。

总而言之，我国能源环境矛盾尖锐，节能减排压力巨大。区域及行业的异质性和自上而下的能源管理模式，迫使理论及实践工作者必须深入分析区域环境规制对节能绩效的影响。近年来，针对我国环境规制和节能绩效问题，理论和实践研究都陆续取得了一定成果，但已有的研究成果相对零散，对环境规制和节能绩效的衡量、环境规制对节能绩效的影响效应、效应的形成路径等核心问题尚未触及。因此，本书拟在分析总结中国式分权、环境规制与节能绩效之间关系的基础上，探讨地方政府环境规制的策略互动，界定并测度区域环境规制和节能绩效，进而运用空间统计分析、时间序列分析方法等，探讨中国式分权下环境规制对节能绩效影响的异质性效应，从产业结构、技术进步和 FDI 三个方面，剖析异质性效应的形成路径，最后，构建系统动力学模型，提出基于区域角度的环境政策优化建议和策略。此项工作强调中国式分权的制度背景和区域视角在能源管理研究中的重要性，直接目标是搭建环境规制对节能绩效影响的异质性效应及其形成路径的框架，为政府环境政策的制定和优化提供信息依据和决策参考。

1.3　研究的技术路线

本书遵循"理论—模型—实证—政策建议"的技术路线（见图 1-1），将理论与实证分析相结合。

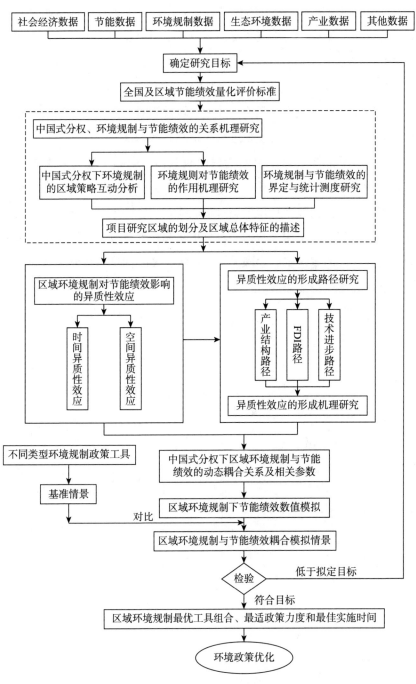

图 1-1 研究的技术路线

（1）理论研究。依据现有国内外文献，在收集分析最新研究资料和研究成果的基础上，围绕关键问题，厘清研究思路，确定可行的研究计划和实施方案。

（2）模型研究。根据研究计划和实施方案，使用统计分析方法、空间分析技术和动态优化理论，建立环境规制对节能绩效影响的静态面板和动态空间模型，并对模型进行模拟和参数校准。

（3）实证研究。基于中国省域面板数据、中国工业企业数据库和《人民日报》的73年文本记录等，建立空间计量模型和中介效应模型等，明确中国式分权下环境规制对节能绩效的影响效应、效应的异质性及其形成机理等。采用大数据文本分析法和自然语言学习，探究环境规制模式的协同演进逻辑、中国的实践规律以及不同环境规制模式对企业能源利用效率的影响效应。

2　国内外研究现状

20 世纪 90 年代以来，能源安全、环境保护和气候变化等议题的重要性更加凸显，一大批不同背景的专家学者对环境规制和节能绩效进行了较为广泛的研究。

2.1　关键指标界定及统计测度研究

2.1.1　节能绩效界定及统计测度研究

节能就是能源的节约（Narula and Reddy，2015；李青原和肖泽华，2020）。因此，区域节能绩效界定和统计测度的研究成果大部分集中于能源消费自身方面，如能源利用效率、能源消耗总量和能源消费结构等（邵帅等，2019），小部分研究聚焦节能的环境效应计量（Lee and Jo，1995），这可能源于能源与环境的密切相关性。当然，也有学者研究节能带来的经济影响、技术影响和社会影响等（邵帅等，2024）。

（1）能源消费自身方面绩效的研究

已有关于能源消费自身方面绩效的研究主要集中于能源利用效率、能源消耗总量和能源消费结构三个方面（Adderley et al.，1988；刘华军等，2022）。

第一，能源利用效率方面的研究。

1979 年世界能源委员会提出的节能的定义被广泛认可，即采取技术上可行、经济上合理、环境和社会可接受的一切措施，来提高能源资源的利用效率（邵帅等，2022）。由此可见，节能与能源利用效率之间的关系，前者是行为或手段等，后者是目标或结果。

基于此，Jaffe 和 Stavins（1994）探讨了以能源利用效率表征节能绩效的合理性和必然性，提出能源利用效率是节能绩效"质"的表现。Patterson（1996）在对这一观点表示支持的基础上，又进一步探讨了能源利用效率的评价指标。自此，诸多文献以能源利用效率来测度国家或区域的节能绩效（孙广生等，2011；郭文，2016；Ringel，2016；林伯强和吴微，2020；罗世华和王栋，2022）。同时以单位 GDP 能耗为节能绩效的衡量标准，史丹（2002）研究认为改革开放以来，我国经济增长过程中能源利用效率的提升是非常显著的。周建（2007）对我国能源消费与经济增长之间的作用机理进行了系统分析，并论证了单位 GDP 能耗降低 20% 的合理性和科学性。He 等（2021a）结合产业关联模型和多目标优化模型，以各子部门的经济产出和能源强度为决策变量，找出提升能源效率的路径，以实现节能减排进而实现 2030 年前碳达峰目标。Lin 和 Zhou（2022）基于 2000~2017 年中国各省数据，采用 Shepherd 能量距离函数和熵权法计算各省能源效率和经济增长质量，考察能源效率对经济增长质量的影响。结果表明：能源效率与经济增长质量之间存在明显的"U"形关系，产业结构升级在能源效率影响经济增长质量的过程中发挥着重要作用。孙立成等（2008）应用 DEA-Malmquist 方法测算了 1997~2006 年 12 个国家能源利用效率及变动指数。师博和沈坤荣（2013）采用 DEA 和能源强度倒数两种方法测度 1998~2010 年中国省级能源效率，并论证了市场机制主导的企业集聚能够显著提高能源效率。王永培等（2017）利用 1991~2012 年 29 个省、自治区和直辖市面板数据，运用 Malmquist-Luenberger 生产率指数测算省级全要素能源效率。张琳玲等（2018）调研安徽省 19000 个工业企业，基于超效率 DEA 模型，测算发现安徽省工业企业考虑能源投入的企业绩效值整体偏低，迫切需要提升企业经济效益和能源效益。魏一鸣和廖华（2010）对能源利用效率的统计测度进行了较为系统的研究。赵楠等（2015）、关伟和许淑婷（2016）等采用 DEA-Bootstrap 方法对中国 30 个省域的能源利用效率进行测算，并使用面板数据模型开展收敛性研究。Wang Rong 等（2021）在碳中和的背景下，利用超效率数据包络分析（DEA）方法对我国区域能源效率进行评价，并选取泰尔指数分析区域能源效率的差异与变化，结果发现中国能源效率总体较低，区域能源效率存在显著差异，且由西向东呈上升趋势。He 等（2021b）从研发投资的角度探讨了提高能源效率以实现碳强度和碳峰值目标的路径，利用遗传算法求解我国工业部门能源效率提升的最优路径。研究指出，到 2030 年，能源强度将比 2005 年下降 78.4%，能源消费和碳排放将显著低于基准情景。

Geller 等（2006）、Honma 和 Hu（2008）分别探讨了 30 年来 OECD 国家提升能源利用效率的政策经验和日本的能源利用效率。Gillingham 和 Palmer（2014）通过文献研究法，探讨了以提升能源利用效率为能源相关政策目标的障碍。Sabuj（2010）以印度水泥工业为背景，利用数据包络法分析 2000 年 1 月至 2004 年 5 月州一级层面评估能源利用效率的措施，研究发现环境规制对能源利用效率具有强化作用。Kenta 和 Shunsuke（2021）基于日本具有代表性的能源密集型行业——造纸、纸浆和水泥行业的工厂级数据来衡量能源利用效率，分析了产业集聚效应与各产业能源利用效率的关系。研究发现，在造纸和纸浆行业，产业集聚有助于提高能源利用效率，而集聚效应对水泥行业能源利用效率的影响是负的。Rocío 和 Marina（2021）分析欧盟 2000 年以后的生产部门能源消费变化，发现能源效率提高对于欧盟 2020 年能源绩效目标的实现具有决定性的作用。Trianni 等（2014）以能源利用效率对节能绩效进行衡量，发现在项目进展中，不同利益相关者需要明确技术、环境、经济等方面的问题。Viholainen 等（2016）的研究确定了促进区域节能目标达成的方法和所需的步骤，以及能源系统的改善行动等，并以芬兰的一个区域为例进行实证研究。Kyprianidis 和 Dahlquist（2017）分析了能源利用效率与氮氧化合物排放之间的关系。Zhang 等（2021）采用改进的 DEA 模型对中欧和西欧一些国家的能源利用效率和环境效率进行了测量，发现英国在能源利用效率和环境效率方面排名最高。这表明，英国在能源效率、消费、生产、进口和能源强度方面的政策更加有效，有利于实现可持续经济增长和环境保护。钱娟和李金叶（2017）运用非参数 SML 生产率指数模型和面板模型对技术进步的节能减排绩效进行了分析。李瑞忠等（2019）将 2015~2018 年能源绩效评价体系的所有指标评价结果进行对比，分析我国能源绩效和单位 GDP 能耗。Wu Hai-tao 等（2020）利用中国 30 个省份 2005~2016 年的面板数据，考察发现环境规制与中国绿色全要素能源效率之间存在显著的"U"形关系，且环境规制对绿色全要素能源效率的非线性影响依赖环境分权的程度，环境分权程度越高，环境规制对绿色全要素能源效率的约束作用越强（史丹和李少林，2020）。上述文献对以能源利用效率衡量的节能绩效进行了深入分析，并对未来的发展潜力等提出了前瞻性的意见和建议。

第二，能源消耗总量方面的研究。

能源消耗总量是节能绩效"量"的表征。从直观的角度看，节能还应该包括能源消耗总量的减少（戴彦德等，2015）。随着社会节能实践的深入，在著名的杰文斯困局（Jevons Paradox）提出以后，有学者分别对美国、英国和中国等的实践进行考察，提出由于能源回弹效应的存在，能源利用效率的提高并不能相应地降低能源消费总量（Herring，1999；Jaume，2010；姚静武，2010；胡秋阳，2014；沈坤荣和周力，2020）。Rabindra 等（2021）基于 GMM 的量化回归方法，以能源消耗作为欧盟能源利用效率的测度指标，考察能源利用效率对欧盟 CO_2 排放的影响。研究建议通过提高石油的利用效率使欧盟减少排放，并通过减少进口来保障能源安全，同时在制定能源政策时考虑回弹效应。Liu 等（2021）将煤炭作为原材料的消费定义为"能源消费"，同时指出中国的能源强度在宏观和微观层面均呈下降趋势，但存在反弹效应，并且到 2060 年，煤炭能源效率的反弹，将影响我国的能源安全和碳中和进程。以此为基础，该研究提出了提高企业能源效率的建议。Brännlund 等（2007）对中国宏观层面的能源反弹效应进行了测度。结果表明,我国能源反弹效应平均为79.94%,同时指出碳排放权交易试点工作一旦正式启动,试点省份的能源反弹效应将明显高于非试点省份。

节能最主要的绩效目标应该是能源消费总量的减少(邵帅等,2013;Dogan and Turkekul,2016;王群伟和周德群,2008;盛丹和张国峰,2019)。丹麦地方当局使用命令型环境规制要求企业减少能源消费总量、提升能源利用效率,进而减少温室气体排放、改善气候(Kasper,2015)。崔百胜和朱麟(2016)从能源消费控制的角度,使用GVAR模型验证了清洁技术水平提升、可再生能源的研发、能源价格调整等能够促进完成能源消费总量的考核目标。Huang等(2022)利用2000~2016年中国各省的数据,采用Malmquist-Luenberger指数对技术进步进行测度和分解。将技术进步分解为效率变革和技术变革后,发现只有效率变革的直接溢出效应显著。对效率变革的进一步分解会产生显著的能源消费降低效果,建议中国政府将技术进步作为控制能源消费的有力工具。诸多学者对能源消费总量的控制策略等进行了研究(孙博文和郑世林,2024)。

第三,能源消费结构方面的研究。

节能还关注能源消费结构的优化,即高级化、合理化及低碳化等(林伯强等,2010;Edziah and Opoku,2024)。相关研究主要是基于Hicks(1970)的替代弹性理论体系,进一步实证分析指出能源品种之间的替代能够进一步提高能源利用效率,减少能源消费总量,尤其是减少环境污染(Frondel,2011;Supasa et al.,2016;张伟等,2016;Fowlie et al.,2016)。马大来等(2017)对我国1998~2012年各省的工业碳排放绩效进行了测度,并实证指出工业能源消费结构与工业碳排放绩效之间负相关。庄之乔和晏维龙(2017)建立一个四方程联立系统并利用中国经验证据进行实证检验,从而估计技术创新能力对中国能源利用结构优化的贡献。Wang等(2020)利用1998~2017年中国省级数据,在时空异质性背景下分析了环境规制与能源消费结构的动态关系及其驱动机制，应用面板阈值模型估计了正式环境规制与能源消费结构之间的非线性关系，并研究了不同强度正式环境规制对能源消费结构的影响。研究指出，弱和中等正式环境规制促进能源消费结构优化，强正式环境规制抑制能源消费结构优化。Xia 等（2021）利用 1998~2017 年中国国家和地区层面的数据，研究发现能源效率和人均能源产量是我国 30 个省份能源消费结构与全国平均水平不一致的主要影响因素。Sun 和 Ren（2021）指出城市发展和贸易结构提升将带来碳排放量的增加，而能源消费结构的优化将减少碳排放量。此外，正式环境规制和研发因素也起着重要作用。Huang 和 Zou（2020）利用 1997~2015 年中国 30 个省份的面板数据，考察了环境规制对能源转型的影响，指出专项环境规制对中国能源转型具有显著的正向影响，同时，高能源强度降低了环境规制对能源转型的影响。Chen 等（2021）探讨了 2010~2019 年中国 30 个省份化石能源（煤、石油、天然气）的结构调整策略、减排潜力和利用效率。能源结构调整带来的 CO_2 减排约占总排放的 11%，中西部地区的减排潜力明显大于东部地区；技术进步是低碳经济和三种化石能源提高生产力的主要动力；但不同省份对化石能源的管理水平存在显著差异。

（2）其他方面绩效的研究

由于节能会对经济、社会、环境等多个方面产生影响，因此节能绩效是多维的。著名经济学家 Solow（1974）就提出，在区域节能上，可以从经济、生态、环境、社会、技术等多个角度进行效应研究和评价等。王少剑等（2020）以 1992~2013 年中国主要地级市为研究单元，将城市碳排放作为非期望产出，采用超效率 SBM 模型对城市碳排放绩效进行测定，预测其未来发展演变的趋势，并指出政府应从区域和城市视角制定节能减排政策和目标。Thóra（2007）以环境绩效为评价标准，对全球较为常用的节能政策进行评价和排序。Sun 等（2018）使用改进的 DEA 模型来衡量节能减排效率，并将技术差距比（TGR）指标应用于测度中国 211 个城市的节能减排效率。研究结果表明：中国城市的节能减排效率总体较低，中部地区的节能减排效率最低；地区之间存在着巨大的技术差距，东部地区技术水平最高，东北地区最低。Abdeen（2008）将节能绩效拓展至内涵丰富的可持续发展方面。Lion 和 Falko（2013）、Simon（2013）及 Yeboah 和 Kaplowitz（2016）考察了节能对国家收入再分配（生产者和消费者之间）以及居民福利等的影响。Li H 等（2021）基于 2010~2013 年中国工业企业数据库和海关数据，采用差分模型和中介效应模型分析指出，节能减排政策通过提高企业就业创造效应和减弱就业破坏效应显著促进净就业增长；节能减排政策削弱了高出口强度、高市场集中度和高污染企业的净就业增长，而提高了高度市场化地区企业的净就业增长。研究结果有助于评估中国环境规制对就业的冲击，并为调整现行法律法规以实现更高的社会福利提供可行的政策参考。宋马林等（2008）、Feng 等（2020）则提出了包含经济、能源、环境等多个指标的统计评价体系。Zhou 等（2021）分析了制造业价值链攀升对节能减排的显著的促进作用，指出创新驱动效应和结构升级效应也对节能减排起到了积极的促进作用。进一步分析表明，在这条路径下，不同产业的节能减排效应存在不对称性，高耗能产业节能减排潜力巨大，技术密集型产业的节能减排效果更加显著。吴开尧和朱启贵（2011）、Gernaat 等（2021）则从政策性倾向的研究前沿和学科进展路线两个方面指出国内节能减排效应指标除政策性倾向节能本身目标及其分解指标和定额管制指标外，还应包含市场化、可持续发展以及 SEEA-E 等领域效应。Li 和 Xu（2020）针对短期和长期能源反弹效应对于资源密集型、劳动密集型和资本密集型产业的不同影响，估计了中国 35 个产业部门的节能减排潜力，并制定了单边突破型、渐进式、扬长避短型和跨越式四种节能减排路径，指出节能减排政策的制定应考虑投资偏好和要素市场扭曲的影响。段宏波等（2016）则主要考虑了节能的环境效应。尚晶和刘海英（2019）利用非径向方向性距离函数模型对一定时空范围内决策单元的节能绩效和环保绩效进行测度和比较，研究工业行业节能绩效与环保绩效的协调性。总之，节能将引起经济社会各个方面的变化（Raza et al.，2015；Vadiee and Yaghoubi，2016；Giannetti et al.，2020），所以对区域节能绩效的界定和评价还需进一步挖掘和扩展。

2.1.2 环境规制界定及统计测度研究

（1）环境规制的界定及演进

环境规制是政府规制的一种。赵玉民等（2009）指出环境规制是以环境保护为目的、以个体或组织为对象、以有形制度或无形意识为存在形式的一种约束性力量。张瑞（2013）认为，环境规制作为社会性规制的一项重要内容，是指政府、行业协会等组织通过行政手段、市场手段和其他约束性手段对环境破坏组织和个人的经济活动进行调节，以达到环境保护和经济发展相协调的目标。王文普（2013）将环境规制理解为政府为保护环境而采取的对经济活动具有影响的一系列措施。马海良和董书丽（2020）认为环境规制是为提高生态、经济效率而采取的对经济活动具有限制性的措施、政策、法规及其实施过程。总之，环境规制的目的在于，使生产者和消费者在做出决策时将外部成本考虑在内，从而实现社会最优化生产和消费（傅京燕，2010；周肖肖，2016；王杰和李治国，2023）。

中国环境规制的演进具有明显的阶段性，从改革开放之前的相对匮乏到改革初期的逐步丰富和改革中期的快速发展，再到近期环境规制渐趋完善，一共经历了四个阶段。以1978年改革开放为标志，中国在环境规制方面颁布了多项法律和行政法规，主要包括：1979年《环境保护法（试行）》、1982年《海洋环境保护法》、1984年《水污染防治法》、1987年《大气污染防治法》、1988年《关于防治造纸行业水污染的规定》、1989年《水污染防治法细则》、1995年《固体废物污染环境防治法》、1996年《环境噪声污染防治法》和《煤炭法》、1997年《节约能源法》、2001年《防沙治沙法》和2003年《放射性污染防治法》

等。这一系列环境规制的出台与修订，为强化环境保护责任、遏制环境污染趋势和提升环境质量提供了法律保护。尤其重要的是，2014年4月24日，第十二届全国人民代表大会常务委员会第八次会议表决通过了修订后的《环境保护法》，并自2015年1月1日起施行。潘岳（2014）认为新修订的《环境保护法》既有利于推动构建基于环境承载能力的绿色发展模式和多元共治的现代环境治理体系，同时也明确了行政监管部门的责任。

第十二届全国人民代表大会常务委员会第十六次会议于2015年8月29日修订通过《大气污染防治法》，该法自2016年1月1日起施行。2020年5月28日，第十三届全国人民代表大会第三次会议表决通过了《中华人民共和国民法典》，规定生态环境损害的惩罚性赔偿制度，并明确规定了生态环境损害的修复和赔偿规则。生态环境部2020年4月29日发布《新化学物质环境管理登记办法》，且于同年11月5日发布《国家危险废物名录（2021年版）》，自2021年1月1日起施行。2020年11月24日，生态环境部、商务部、国家发改委、海关总署联合发布《关于全面禁止进口固体废物有关事项的公告》，禁止以任何方式进口固体废物，禁止我国境外的固体废物进境倾倒、堆放、处置。

总之，随着环境污染治理重要性的增加，我国的政策机制不断完善，颁布政策的短期应急效应、累积政策的长期叠加效应以及部门合作不断强化。虽然我国的环境规制体系得到了进一步的完善，但是纵观我国环境规制变迁，在中国现行体制下，环境规制仍以政府为主导，命令控制型规制远多于市场激励型规制，且市场激励型规制很少在法律法规中得到体现，而更多地体现在部门规章中，其执行效力低于法律法规（申晨等，2018）。

（2）环境规制的统计测度

按照环境规制的性质，总体形成了基本一致的划分方法：命令控制型、市场激励型和自愿参与型（Jaffe and Palmer，1997；张红凤等，2009；娄昌龙，2016；Gu et al.，2022）。具体地，命令控制型环境规制主要包括两类政策工具——技术标准和绩效标准；市场激励型环境规制可以分为价格型规制和数量型规制两大类；自愿参与型环境规制主要包括信息公开计划或项目、自愿环境协议、环境标签和环境认证等（张华，2016；Guo and Yuan，2020），详见表2-1。

表2-1 中国环境规制的分类及演进

分类	政策工具	中国重要的环境政策
		确立依据（年份）
命令控制型	技术标准、绩效标准	《工业"三废"排放试行标准》（1973）
		《关于保护和改善环境的若干规定（试行草案）》（1973）、《建设项目环境保护管理办法》（1986）
		《环境保护法（试行）》（1979）
		《大气环境质量标准》（1982）
		《关于防治水污染技术政策的规定》（1986）、《"九五"期间全国主要污染物排放总量控制计划》（1996）、《全国生态环境保护"十五"计划》（2002）以及《"十一五"期间全国主要污染物排放总量控制计划》（2006）
		《水污染物排放许可证管理办法》（1988）、《水污染防治法》（2008年修订）、《大气污染防治法》（2015年修订）、《控制污染物排放许可制实施方案》（2016）
		"两控区"政策（1998）
		《环境保护工作汇报要点》（1978）、《环境影响评价法》（2003）、《规划环境影响评价条例》（2009）
		《环境保护法》（2014年修订）
市场激励型	价格型规制、数量型规制	《征收排污费暂行办法》（1982）
		《排污费征收使用管理条例》（2002）、《环境保护法》（2014年修订）
		《江苏省集体矿山企业和个体采矿收费试行办法》（1989）
		《国家物价局、财政部关于征收城市排水设施使用费的通知》（1993）
		《征收排污费暂行办法》（1982）
		《水污染物排放许可证管理暂行办法》（1988）、《排放大气污染物许可证制度试点工作方案》（1989）
		《矿产资源法》（1986）
		《环境保护法》（2014年修订）

分类	政策工具	中国重要的环境政策
		确立依据（确定年份）
自愿参与型	信息公开计划或项目、自愿环境协议、环境标签和环境认证等	中国环境标志产品认证委员会（1994）
		1995 年开始全国推行
		《清洁生产促进法》（2002）
		《节能自愿协议技术通则》（2011）
		《清洁生产促进法》（2012 年修订）
		《环境保护法》（2014 年修订）

环境规制测度可以按照如上分类进行虚拟变量设置。Gollop 和 Roberts（1983）将稽查次数作为环境规制强度衡量指标。李强和聂锐（2009）、孔祥利和毛毅（2010）以工业污染治理项目本年完成投资总额进行衡量。王询和张为杰（2011）以工业二氧化硫去除量占总产生量的比重进行衡量。童健等（2016）采用各工业行业污染治理运行费用占工业产值的比重来刻画环境规制。赵爽和李萍（2016）用每万元 GDP 能源消耗（吨标准煤/万元）作为环境规制的衡量指标。熊艳（2011）则认为单一指标的表示方式并不合适，进而构建了一个包含 10 个相关指标的统计测度体系（如环境影响评价制度执行率、关停并转迁企业数、"三同时"合格率、当年完成治理项目数、工业废水排放达标率、工业废气排放达标率和二氧化硫排放达标率等），经过加权，可计算环境规制指数。沈能等（2020）用污染投资总额、SO_2 去除率、工业三废排放达标率等代表环境规制强度。高正斌和倪志良（2019）基于工业二氧化硫去除率、工业烟（粉）尘去除率，利用加权线性方法构建环境规制强度综合指数。原毅军等（2012）则将环境规制分为费用型和投资型两类，分别以排污收费和治理投资形式计入 C-D 生产函数。刘金林和冉茂盛（2015）、牛丽娟（2016）以每千元工业产值的污染处理成本进行测度。张平等（2016）基于投资型环境规制与费用型环境规制，研究了两种环境规制对企业技术创新的影响，结论显示，投资型环境规制对技术创新产生"激励效应"，费用型环境规制对技术创新产生明显的

"挤出效应"。高明和陈巧辉（2019）研究命令型、激励型、自愿型环境规制对产业升级的激励作用，结果表明，东部地区命令型、激励型环境规制与产业升级的关系呈倒"N"形与"N"形，中、西部地区激励型与自愿型环境规制的作用不显著。林春和孙英杰（2019）以要素集聚和分布为着手点，采用区位熵法对环境规制进行测度，并选择环境污染投资额和排污费两个指标，从投资和费用两个角度衡量环境规制。马海良和董书丽（2020）基于全要素视角，将环境规制划分为命令控制型、市场激励型与自愿型三种类型，并利用熵值法测算综合环境规制强度。

关于环境规制的测度方法，主要有定性分析法、单一指标定量分析法和综合指标法等，其中定性分析法主要是专家对环境政策进行人为打分，存在一定主观性；单一指标定量分析法选取单一环境规制工具对强度进行测度，测度结果比较片面，无法反映综合强度；综合指标法一般采用因子分析法、熵值法等，将多个单一指标融合为综合指标，克服了以上方法的缺陷。

2.2 环境规制对节能绩效的影响效应研究

2.2.1 环境规制对节能绩效的影响效应

（1）区域节能绩效时空差异及特征的研究

第一，基于省级区域的研究。对我国节能绩效差异的考察，史丹（2002）、成金华和陈军（2009）、赵金楼等（2013）分别考察了省域能源利用效率、能源消费总量的空间差异及其成因等；齐绍洲等（2009）、师博和张良悦（2008）、潘雄锋等（2014）、赵楠等（2015）等主要讨论了区域能源消费强度差异的收敛性及形成机理，如空间效应、经济发展、产业转移、技术溢出等的原因分析；田立新和刘雅婷（2012）等利用函数模型对区域节能减排进行情景模拟和预测；李宏兵等（2019）、陈海跃（2017）和刘浩旻等（2018）分别通过 Dynamic-

SBM 模型、DEA-Malmquist 模型和 DEA-BCC 模型测算了中国省域能源效率，分析了能源效率的地区差异性及动态变化特征。

第二，按照传统地理区划进行的研究。按照东、中、西三个区域，刘立涛和沈镭（2010）、王兆华和丰超（2015）研究了我国三大区域能源效率、能源消费结构等的特征、影响因素及节能潜力等。也有学者对我国四大区域、五大区域、六大区域、八大区域的能源消费总量、能源消费结构和能源利用效率的时空差异、演变特征及影响因素进行深入分析（段小燕等，2014；原毅军等，2012；肖涛等，2012）。孙焱林等（2016）从能源节约和省域异质性的视角出发，运用固定效应随机前沿分析方法测算了中国省域动态能源绩效指数，发现东部、中部和西部地区的能源绩效增长速度均呈"U"形演变态势。范秋芳和王丽洋（2018）基于 BCC 和 Malmquist 模型研究认为中国能源效率在空间上呈现较大差异，东部沿海地区最高，东北地区其次，中部地区次之，西部地区最低。Xie 等（2021）以 2007~2017 年中国发电行业为样本，采用系统广义矩量法（GMM）研究环境规制对能源投资结构的影响，区域数据表明，不同类型和水平的环境规制对各地区发电投资结构的影响是不同的。在中国的中西部地区，无论是命令控制型环境规制，还是以市场为基础的环境规制，都未能起到应有的作用。命令控制型环境规制的实施对东部地区新能源发电比重的直接增长有显著影响。

总而言之，国内有关节能绩效时空特征的研究，主要是对能源系统时空绩效的研究（吴映梅等，2006），对区域能源供应和利用效率等的时空特征分析（刘立涛和沈镭，2010；柳亚琴和赵国浩，2016），对区域节能政策实施后能源消费所引起的污染物排放、环境影响和碳足迹等的时空特征分析等。Hu 等（2020）基于 2005~2015 年省级行业面板数据，发现与非试点地区相比，碳排放交易使试点地区管制行业能源消耗降低 22.8%，CO_2 排放量减少 15.5%，且节能减排政策效果主要受技术效率和产业结构的影响。在环境执法水平和市场化程度较高的地区，碳排放交易更活跃。

国外对区域节能绩效差异和特征的研究成果也十分丰富。Alcantara和 Duarte（2004）对欧洲国家能源利用效率的区域差异进行分析。Jaume（2010）和 Debalina 等（2013）对西班牙和美国等国家次区域节能回弹效应及绩效差异进行对比研究。Gilbert（2008）、Arnette 和 Zobel（2012）、Koltsaklis 等（2015）对美国州级能源效率、能源计划差异及其影响因素进行研究。Klevas 等（2014）对英国次区域能源情景进行分析。Fujimori 等（2014）对全球 32 个国家的节能绩效进行综合比较和评价。Pettifor（2015）研究了节能政策实施对区域居民的影响差异。Kotthaus 和 Grimmond（2014）对人口密集的大城市能源转换的环境绩效空间分布特征进行考察。Paramati 等（2016）则以新兴市场国家为例考察了可再生能源的区域分布差异及其影响因素。还有众多国内外专家学者通过建立国家次区域或多个国家与能源相关的定量及定性模型，描述节能绩效各个方面的时空特征及其影响因素。

（2）环境规制对节能绩效影响效应的研究

一般意义上，政府制定环境政策的目的在于保护环境，中介路径就是能源生产与消费的变化，即通过"节能绩效"引致"环境绩效"。关于环境规制对节能绩效的影响，学界存在争议。严格的环境规制一般旨在通过行政命令、经济激励和自愿等方式，限制化石能源的消费，鼓励清洁能源的开发和使用，以此优化能源消费结构。在这一方面，最著名的争议就是 Sinn（2008）开创性提出的"绿色悖论"。绿色悖论认为，严厉的环境规制会改变化石能源的价格，在短期内加速化石能源的开采，反而降低节能绩效。早在 1992 年，Sinclair 就提出不断升高的碳税可能改变能源消费者的决策，带来更糟的后果。后来 Vander 和 Di（2012）又在 Sinn（2008）的基础上详细归纳了绿色悖论的四种成因，其中三个涉及能源，即化石能源消耗的增加、能源价格的下降和能源市场渠道的逆向选择将对节能绩效，尤其是能源消费结构产生直接的负向影响。

自此，众多文献从理论和实证两个方面对绿色悖论的存在性进行验证。但由于探讨视角的差异，如内生碳税、后备技术替代、碳泄漏、不确定的气候政策等，结论各异（Hoel，2012；Aghion et al.，2016）。实证方面也是如此，如 Di 等（2012）、Grafton 等（2014）、Acemoglu 等（2016）提供了绿色悖论的确凿证据，认为绿色悖论产生的原因在于环境政策的执行时滞，还利用美国 1981～2011 年的时间序列数据证实了生物燃料补贴会增加石油消费；而冯等田（2007）和 Michielsen（2014）通过模拟能源需求变化，认为绿色悖论发生的概率较小；胡本田和皇慧慧（2018）认为环境规制对能源效率的提高确实有促进作用，但这种促进作用存在一定的滞后性。对这一著名议题的争论就意味着环境规制对节能绩效，尤其是对能源消费结构的影响目前还是不确定的。

（3）环境规制对节能绩效影响效应的异质性

在环境规制对节能绩效影响效应的异质性方面的成果较为丰富。陈德敏和张瑞（2012）、孙伟（2016）、程钰等（2016）以省级面板数据为样本，研究发现，环境规制对全要素能源效率影响显著，但存在区域异质性。郑越（2017）则发现东部地区环境规制对工业全要素能源效率的作用效果最明显，中部地区次之，西部地区最不明显。陶长琪等（2018）测算了我国 2004～2015 年省级全要素能源效率，实证得出环境规制对能源效率的影响存在区域差异的结论。Curtis 和 Lee（2019）研究发现受环境规制约束的制造工厂的能源效率下降。尤济红和高志刚（2013）以新疆 1990～2010 年的数据为样本，研究发现无论是从单要素能源效率，还是从全要素能源效率的角度，政府环境规制均不利于新疆能源效率的提高，政府环境规制对能源效率具有抑制作用。陈玲和赵国春（2014）利用新疆 14 个地州 2003～2010 年的时间序列数据，以 SFA 模型实证检验了环境规制对全要素能源效率的影响。研究指出，环境规制产生了能源的非效率，政府环境污染治理投资和环境基础设施投资都会抑制能源的效率，而资源税却提高了能源效率，波特假说在新疆表现得不是很明显，主要源于环境规制工具的异质性效应。Xin 等（2021）

运用动态面板数据模型，证明了中国东、中、西部地区的环境管制不能激发波特效应。Wu H 等（2020）定量分析了能源消费、环境规制和碳排放之间的关系，利用新发展的动态阈值面板模型，结合广义矩量法（GMM），探讨了不同环境法规下能源消费对碳排放的影响，研究发现能源消费显著促进了三个地区的碳排放，其中对西部地区的促进作用最大。此外，有证据表明，环境规制对中国东部和中部地区碳排放的增加起到了有效的抑制作用，而对西部地区的碳排放并没有起到预期的抑制作用。周肖肖（2016）指出，环境规制与人均能源消费呈现倒"U"形关系，即只有超越一定门槛，环境规制的节能效应才能凸显，但中国大部分省份都未能跨过这一道"门槛"，仍处在环境规制的节能悖论时期，体现了时间异质性。任胜钢等（2016）证明了制造业环境规制对技术创新影响的阶段性差异与行业异质性。黄清煌和高明（2017）从环境规制工具对节能减排效率的影响这一基本问题出发，基于非期望产出的 SBM-DDF 模型测算出 30 个省份 2001~2012 年的节能减排效率，并分析其动态变化特征，以此为基础利用系统 GMM 方法考察环境规制工具差异引致的节能减排异质效应。李斌和陈崇诺（2016）研究指出，各种环境规制工具的政策效应差异性较大，命令控制型工具主要通过制约绿色技术创新对能源全要素生产率产生显著的负向影响，市场激励型工具和自愿型工具对绿色技术创新及工业能源效率均产生显著的促进作用，而且前者的促进作用要比后者更大。Fowlie 等（2016）主要探讨了市场激励型碳排放规制政策的影响，这也是工具异质性效应的有力论证。叶琴等（2018）基于 2008~2014 年中国 285 个地级市节能减排技术专利申请、综合能源价格、污染物排放等面板数据，采用混合回归模型和系统 GMM 方法，研究命令型和市场型两类不同环境规制工具对中国节能减排技术创新的影响。邱士雷等（2018）利用 SBM-DDF-SML 方法测度了中国 30 个省份 2004~2015 年的环境效率与环境全要素生产率，并进行来源和成分分解，利用面板门槛模型深入研究环境规制工具对环境绩效影响的异质性效应。由以上分析可见，争议存在的原因可能是各种异质性因素对结论的统一性形成了干扰，这也体现了针对中国的具体实际深入开展区域研究的必要性和科学性。

2.2.2 环境规制对节能绩效影响效应形成的研究

环境规制对节能绩效影响效应形成的研究方面，基本集中于影响因素和形成机理两大部分。

（1）影响因素研究

齐绍洲等（2009）、殷宝庆（2013）、Philipp 和 David（2015）总体论证了区域节能绩效水平、环境气候政策、技术进步、经济发展、产业结构、FDI、人口和资源禀赋等对能源结构、效率和消费总量的影响及其作用机理。Wang Ailun 等（2021）以中国城市为研究对象，运用偏线性函数系数（PLFC）面板模型，研究经济发展在环境规制对绿色生产率的异质性影响中所扮演的角色，实证结果表明经济发展是环境规制发挥作用的前提。

Thóra（2007）、Lion 和 Falko（2013）、王班班和齐绍洲（2014）、Mark 和 Brett（2014）、Narula 和 Reddy（2015）、陶长琪和周璇（2016）、王林辉等（2020）以美国、芬兰、印度、日本、英国和中国等国的具体区域为例，研究了能源政策、环境规制、最终消费及环境状况等对区域节能绩效的作用机理，主要强调技术进步、产业结构变化、人口素质的提高、绿色消费理念培育等的中介作用。Herring（1999）、Christina 等（2013）、Viholainen 等（2016）、肖士恩等（2023）分别在分析以上多个影响因素与区域节能绩效交互作用的基础上，从企业、政府和公众等多个角度提出政策建议。

置于中国式分权背景下，陆菁（2007）、朱平芳等（2011）、王艳丽和钟奥（2016）基于城市层面的面板数据，实证研究发现，国内地方政府为吸引 FDI 而进行的环境政策博弈显著存在，但环境规制对 FDI 的影响平均而言并不显著。环境"逐底效应"在 FDI 水平最高的城市间明显弱化，在中高水平的城市间最为显著。余东华和胡亚男（2016）

则考察了环境规制等相关政策对绿色技术进步的影响机理和路径。沈能等（2020）运用可视化工具厘清环境规制与竞争力之间的关系，同时使用共被引网络分析、历史路径分析、关键词聚类分析，对环境规制与企业创新之间关系脉络进行梳理。正如 Narula 和 Reddy（2015）所提出的一样，对于这一议题，每位学者的研究都如同盲人摸象，触及的只是这个"大象"的一部分，对于形成机理等本质性的研究还需进一步深入。

（2）形成机理研究

关于形成机理的研究主要集中在技术创新、产业结构和 FDI 三个方面。

在技术创新方面，波特假说认为，适当的环境规制能激发创新补偿效应，提高能源利用效率，降低能源消费总量，这得到众多学者的宏观数据支持（Jaffe and Palmer，1997；陈诗一，2010；殷宝庆，2013；童健等，2016；熊灵等，2023）和微观调查的支持（蒋为，2015）。孟凡生和韩冰（2016）研究了三种环境规制工具与企业创新行为之间的关系，发现不同的环境规制工具对于企业的作用是不同的，单独的工具实施效果不佳，但多种工具的组合使用则具有良好的激励效果。Cecere 和 Corrocher（2016）通过分析欧盟国家严格的环境规制与创新之间的动态关系，发现监管的严格性对创新具有非线性的积极作用。Singh 等（2017）以日本和欧盟为例，进行环境规制和技术创新关系的比较研究，认为日本的环境规制推动了技术创新，并且与欧盟国家相比，日本的环境规制在促进创新方面更加有效。Ma 和 Li（2021）基于 2013～2018 年中国新兴海洋企业面板数据，采用固定效应模型检验环境规制对新兴海洋企业技术创新的积极影响。Jiang 和 Ma（2021）运用社会网络分析方法，分析了经济合作与发展组织（OECD）国家碳排放网络的演化特征，证实环境规制在较低水平时具有创新抑制效应，达到阈值后开始产生创新补偿效应。Lv 等（2021）结合 DEA-SBM 模型和 GML 指数，测度了 2003～2017 年中国 30 个省份的绿色技术创新效率，证明环境规制对绿色技术创新和创新产出具有正向调节和整合的作用。

但传统学派从直接成本角度出发，认为环境规制会给企业技术创新带来负面影响。Gollop 和 Roberts（1983）基于美国数据，证明了环境规制会增加企业的直接成本，降低能源利用效率，验证了"遵循成本"效应，反对波特假说的存在。李婉红等（2013）在对中国的研究中发现环境规制对污染密集型行业的绿色技术创新产生了负效应，证实了波特假说成立的条件性。在传统学派和修正学派针锋相对之时，一些学者提出环境规制与技术创新之间的"不确定论"。Conrad 和 Wastl（1995）使用 1975～1991 年德国 10 个污染密集型产业的数据，Lanoie 等（2008）以加拿大魁北克地区 17 个制造业部门为样本，于文超和何勤英（2014）基于世界银行 2004 年 12280 个企业的微观调查数据，均认为环境规制对技术创新的影响有正有负，不能确定。Yuan 等（2017）则从中国制造业 28 个细分行业角度研究环境规制对技术创新和生态效率的影响。韩晶等（2014）、刘金林和冉茂盛（2015）、娄昌龙（2016）指出环境规制强度与技术创新和技术吸收之间具有"非线性关系"。

在产业结构方面，随着环境规制强度的增加，其"绿色悖论"效应不断减弱，并最终转化为"倒逼减排"效应（张华和魏晓平，2013；于亚卓等，2021）。值得注意的是，这种倒逼效应，可能会引发污染产业的就近转移，进而引致污染产业迁入地污染程度的加深（沈坤荣等，2017；于斌斌等，2019；余柯瑶等，2023）。Zakia 等（2021）利用系统GMM 模型，研究 1980 年至 2016 年 31 个发达国家和 100 个发展中国家对环境退化的直接和间接影响，研究发现贸易和外商直接投资的发展增加了发达国家针对发展中国家的污染项目，从而推动发达国家以牺牲发展中国家的环境为代价实现减排。同时，为了继续吸引这些项目，发展中国家在严格的环境政策框架内减少使用控制二氧化碳排放的机制和工具。李强（2013）指出，环境规制对产业结构的优化作用主要体现在其对服务业部门占比增加的积极影响上。环境规制强度越高，服务业部门占比越大，说明产业结构越向第三产业倾斜，越有利于产业结构的合理化和高级化。时乐乐和赵军（2018）研究认为环境规制通过发挥对技术创新的倒逼效应，不断推动产业结构升级。Fu 等（2021）收集了2004~2016 年中国 30 个省份的面板数据，运用系统 GMM 模型，从环境规制视角研究了污染密集型产业从东部地区转移到中西部地区的空间差异。曹勤（2015）、彭星（2016）和范玉波（2016）分析我国各省年度数据，运用静态和动态面板模型，实证表明：费用型环境规制对产业结构的高级化、合理化发展存在一定的阻碍作用，但未通过显著性检验；投资型环境规制强度与产业结构水平呈倒"U"形关系。此外，东中西部地区的估计结果存在较大差异。Zhang 等（2020）利用空间面板模型，基于中国 30 个省份 2006~2016 年的省级面板数据进行实证研究，探讨了环境规制对产业结构的直接效应和两者的相互作用。结果表明，环境规制的发展增强了产业结构升级的减霾效果，而环境规制尚未影响产业结构合理化的减霾效果。最后，为了检验区域异质性，该研究引入胡焕庸线作为基线，将中国划分为东南侧和西北侧。结果指出，在东南侧，环境规制对雾霾的缓解作用显著，通过产业结构合理化可以有效减少雾霾。相比之下，西北侧的环境规制作用不显著。Song 等（2021）基于地方政府战略互动视角，利用 2004~2017 年中国 30 个省份的面板数据，借助空间面板 Durbin 模型，实证分析了环境规制对产业结构升级的影响。结果表明，环境规制对产业结构升级的影响存在区域差异。在国家总体样本和东部地区样本下，环境规制与产业结构升级呈正相关关系；在中西部地区样本下，环境规制与产业结构升级之间呈负相关关系。同时，地方政府间环境规制战略互动对产业结构升级的影响存在一定的异质性。

在 FDI 方面，张中元和赵国庆（2012）利用中国 39 个工业行业相关数据，研究认为 FDI 水平技术溢出没有促进各工业行业的技术进步，FDI 前向技术溢出对各工业行业技术进步的促进作用不稳定，FDI 后向技术溢出促进了各工业行业的技术进步，环境规制强度的提高有利于促进各工业行业的技术进步。进一步研究发现，加强环境规制会提升 FDI 垂直技术溢出效应，进而增加节能绩效。周长富等（2016）还指出，严格的环境规制会对我国东部地区的外商直接投资产生"量质齐升"的促进作用。朱金鹤和王雅莉（2018）认为外商直接投资水平较高的地区的"污染光环"效应较大。朱东波和任力（2017）认为，环境规制与外商直接投资的有效互动有助于促进工业绿色转型，且环境规制约束下的外商直接投资具有一定的节能减排效应（刘海云和龚梦琪，2017）。田洪彬和郝雯雯（2020）运用中国省级面板数据进行的研究表明，FDI 对绿色创新效率的影响不仅与环境规制的强度密切相关，也取决于环境规制的类型。李文鸿和曹万林（2020）指出适当的环境规制能够增加 FDI，并且环境规制和 FDI 的交互作用有利于我国工业企业提升绿色创新效率，促进我国工业绿色转型。FDI 等在环境规制和节能绩效关系的形成中至关重要（徐成龙和程钰，2016；黄清煌和高明，2017）。

综上所述，在形成机理研究方面，虽然结论不一，甚至相互矛盾，但这三条路径是一致认可的，只是具体作用过程、作用力度等还需要进一步研究。

2.3　中国式分权及相关的能源环境研究

已有文献对中国式分权的表述目前并不一致，但其核心内涵就是"政治集权"与"财政分权"的紧密结合（韩超等，2016）。财政分权主要影响公共物品供给和政府行为及其绩效。具体到中国的财政管理体制改革，一般认为从 1994 年的"分税制"改革开始（李正升等，2017）。而环境联邦主义理论可以看作财政分权的一个分支，其从财政分权的角度研究环境问题。同时，环境问题的复杂性和多样性使大多数环境经济学者达成一项共识，即在环境事务管理方面应该由中央政府和地方政府共同承担责任、联合采取行动，建立多层次的规制架构（祁毓等，2014）。

2.3.1 中国式分权与环境规制的研究

中国式分权下的地方政府竞争，自然导致了环境支出竞争（李正升等，2017）和环境规制策略互动（张华和魏晓平，2013），以及一系列分权体制下的其他公共品的供给探讨。Wu 等（2021）从中国省级层面，提供了环境规制"逐底竞争"的证据，并指出这一现象在中国中西部城市中更为明显。秦琳贵和沈体雁（2020）指出，非差异化或者模仿的环境规制行为，会影响地方政府环境规制的策略选择和执行，甚至会导致环境规制的"逐底竞争"或"逐顶竞争"行为。在此基础上，有学者提出了一个混合模型，对比分析了集中和分散的环境治理模式，认为采用集中式环境治理，可以帮助企业缓解高代理成本和政企合谋的问题。

杨海生等（2008）、张文彬等（2010）、验证了环境规制竞争的存在，同时提出环境规制竞争对区域经济增长、能源消费和环境均会产生不同的影响。王宇澄（2015）选取中国 31 个省级地区的面板数据，通过空间计量方法，证明了中国地方政府间环境规制竞争的存在性，并指出中国省际环境规制具有跨界溢出效应。傅强和马青（2016）、李胜兰等（2014）则基于地方政府竞争的视角，提出推动各级地方政府开展跨区域环保合作及推行多元化政绩考核的政策建议。张华（2016）、张可等（2016）则发现地区间环保投入存在明显的策略互动和地区交互影响。张振华和张国兴（2020）探究了中国跨区域环境规制下不同地方政府的策略选择规律和相关影响因素。

2.3.2 中国式分权与节能绩效的研究

部分学者开展了中国式分权下环境规制与能源之间关系的研究。冯等田（2007）从我国区域能源、环境与经济增长可持续发展的角度出发，探讨了"双重红利"假设与能源税改革的关系以及能源开发利用中环境规制的经济激励制度的作用。冯卓（2013）基于 SCP 框架从多个层面、多个阶段考察环境规制对能源产业的政策效应。张瑞（2013）以全要素能源效率为核心，研究中国环境规制的倒逼机制，并对新技术发展和产业结构升级等因素的影响机制进行检验，尤其是对环境规制下综合能源效率与经济增长的耦合关系和影响机理进行研究。牛丽娟（2016）探讨了环境规制对能源效率的作用机制和影响效应，实证检验了西部地区的环境规制对能源效率的作用机制，以及不同环境规制政策工具对西部地区能源效率影响效果的差异性，试图寻找西部地区"环境规制"和"能源效率"相容的均衡发展策略。彭代彦和张俊（2019）的研究则指出，用多种指标度量的环境规制，对我国能源效率的影响基本上是一致的，都有利于提高能源效率。周肖肖（2016）的研究旨在解析环境规制与化石能源耗竭路径之间的非线性关系和传导机制。研究认为环境规制对化石能源耗竭路径的直接作用是绿色悖论和成本效应博弈的结果，间接作用则主要来自技术进步传导效应和结构变迁传导效应。Guo 等（2017）构建结构方程模型分析中国省级数据，发现环境规制不能直接促进区域绿色增长绩效，然而可以通过影响技术创新来对其产生作用，技术创新是环境规制和绿色增长绩效之间的桥梁。综上所述，已有文献在环境规制对节能绩效的影响效应和形成路径相关方面做了大量工作，但深入分析可以发现既有文献的有待改进之处主要集中在三个方面。

第一，关于"环境规制对节能绩效的影响"，国外文献重在验证"绿色悖论"的成因并对其存在性进行理论和实证研究；国内学界仅仅是将环境规制设置成虚拟变量，同时缺乏对环境规制指标的具体刻画。

第二，关于"环境规制对节能绩效影响的形成"，极少数文献对此议题进行了分析，并且主要在进行"环境规制与技术创新、产业结构和FDI"等关系分析时提到能源效率的变化，但也基本忽略了要素本身的空间、时间等的异质性效应及其形成机理。

第三，关于"中国式分权下的环境规制与能源"，既有文献在分析

"中国式分权"时，基本没有注意到其对节能绩效的影响，即缺乏对节能绩效制度背景根源的分析，进而不能全面、有效地估计环境规制与节能绩效之间的关系。但这些丰富的理论和实践成果为本研究提供了很好的借鉴。

2.4 发展动态分析

节能绩效研究是当前可持续发展问题研究的前沿课题，而节能绩效的准确测度和区域差异及其形成路径的科学解释是政府政策工具优化的前提和保障，也是保障能源环境安全的基础。环境规制是节能绩效的最主要政府规制之一，同时对环境规制目标的达成而言，节能是必要条件之一，可见环境规制对节能绩效研究的必要性。

其一，研究内容方面，目前尚未有系统研究环境规制对节能绩效影响的成果，而我国的能源环境问题及其管理体制决定了基于中国式分权的体制背景，对环境规制下的节能绩效开展研究，更符合国家能源管理实际状况，也更易于达到整体能源安全和生态环境安全的目标。

其二，研究方法方面，节能管理的研究经历了由定性分析到定量计算、由静态描述到动态模拟、由固定条件下的孤立寻优到可变条件下的趋势分析、由数量配置为主到预测空间变化的过程，定量、可变、动态的时空效应及其形成机制的研究将是未来能源环境研究的主要方法和范式。

其三，研究角度方面，综合国内外相关研究可知，环境规制与节能绩效研究已经从宏观不断向中观和微观层面深入，基于区域角度的研究越来越多，学界对节能绩效的制度效应和环境规制政策工具的评价研究的重要性，已经基本达成了共识。因此，聚焦中国式分权下的环境规制，揭示区域节能绩效的形成路径，将成为节能管理研究的前沿课题。

总而言之，顺应相关研究发展动态，弥补现有研究的不足，本书针对我国自身特点和能源生态环境安全问题，尝试构建中国式分权下环境规制和节能绩效的关系模型，测度区域环境规制和节能绩效；综合运用空间统计分析、空间计量模型和数理分析等方法，探讨各区域环境规制对节能绩效影响的空间、时间异质性效应；从产业结构、FDI 和技术进步角度，揭示环境规制对节能绩效影响的异质性效应的形成路径和机理；最后提出基于区域角度的政府环境政策设计和优化策略，为环境规制的政策创新和制度设计提供参考。

3 理论基础研究

3.1 环境规制的相关理论

环境规制是以保护环境为目的，对污染公共环境的各种行为进行的规制，是社会性规制的一项重要内容（Shapiro and Walker，2018）。环境规制也是政府依据法律法规对各主体的经济活动所进行的规定和调节，以达到保护环境和经济发展相协调的目标（Liu H et al.，2020）。福利经济学家庇古认为，市场机制如果不能有效解决外部性问题，那么市场就失灵了。他认为此时必须引入外力（即依靠政府的力量）来干预和解决问题（Lin and Zhu，2021）。环境资源具有的负外部性和公共产品的性质，导致依靠单一的市场力量难以解决环境污染问题（Jiang et al.，2020）。这必然需要公共权力的代理者发挥"看得见的手"的作用，对环境污染进行治理（Ma et al.，2022）。环境资源所具有的公共产品特性构成了环境规制制定和实施的基础（Li and Wang，2024）。因此，急需环境规制来弥补市场失灵的缺陷。目前环境规制可分为命令控制型、市场激励型和自愿型环境规制。

环境规制主要是通过制定预防和控制环境污染的各种引导性、规范性和约束性规则等方式，解决经济主体行为过程中产生的市场失灵、负外部性等市场不完全问题（张倩，2016；Li M et al.，2021）。环境规制的效果主要体现在前端的节能效应和末端的绩效提升，本书分别从技术创新、产业结构和 FDI 三个方面去讨论环境规制对节能绩效的影响效应的形成机理，而国内外学者围绕环境规制与三者的关系做了大量研究，主要形成了以下理论观点。

3.1.1 环境规制与技术创新

在环境规制与技术创新方面，相关研究主要从企业层面进行论述，可分为"成本遵循效应"和"创新补偿效应"。严格的环境规制会促使企业增加环境治理投入，从而可能挤出创新性和研发性投资，进而影响企业的技术创新和产品升级等，即成本遵循效应（Lu et al.，2022）；但环境规制的约束性，也可能迫使企业加快推进产品改进和技术创新，实现技术上的"补偿"，即创新补偿效应（Liu H et al.，2020）。

（1）成本遵循效应

从经济学视角进行分析，成本遵循效应即经济学领域的"遵规成本"理论。新古典经济学范式下，经济政策制定的前提是市场在一个完美的制度体系中运行。到20世纪30年代，新制度经济学对这一隐含性假定（implicit assumption）提出挑战，认为制度对企业经营业绩起到了重要作用，并开启将制度因素纳入经济分析的全新范式。在此背景下，20世纪90年代以来，一个全新的经济政策分析范式逐渐形成，标志性事件就是交易费用政治学的兴起。代表性的两部作品分别是 North 的 *A transaction cost theory of politics* 和 Dixit 的 *The making of economic policy: A transaction-cost politics perspective*。他们认为经济政策是政治博弈过程的均衡结果，政治博弈过程受到各种交易成本的影响。因此，一旦考虑了政治因素和交易成本，那些被传统理论认为无效率的经济政策就有可能是政治交易成本最小的"均衡点"（Pal et al.，2024）。

从社会学和公共管理学视角进行分析，公共政策评估研究中，成本收益分析框架应用广泛，重塑了公共政策的评估方式，但相较于经济参数，社会和政治参数的度量要困难得多，因此，政策成本和政策收益的量化一直是相关领域研究的瓶颈（Qian et al.，2021）。从这一角度看，公共政策研究应当内源于经济、社会与政治等多学科融合的理论视角。

环境规制对能源消费最直接的反馈机制就是成本遵循效应。从静态角度分析，既有设备、技术和制度等对企业原有生产模式具有"锁定效应"（Reynaert，2021），企业会因为对环境规制的响应，产生负外部性成本，并将其直接内化到能源消费成本中，从而提高能源消费的均衡价格，使企业的生产成本急剧上涨，进而挤出生产和研发投资，甚至阻碍企业科技创新（Wang J et al.，2022）。从动态角度分析，企业为符合环境规制的要求，将耗费大量的人力和物力，这些投入无形中增加了经营成本，降低了企业竞争力，从而阻碍企业发展和产业结构升级。

（2）创新补偿效应

随着人们对环境污染问题的关注度越来越高，实践中，各国政府试图通过环境规制达到环境保护的目的（Shen et al.，2022）。理论上，相关研究进展迅速，其中最具代表性的就是波特假说，即创新补偿效应。

Jaffe和Palmer（1997）在波特假说的基础上，进一步将其细化并扩展为三类，分别是"狭义波特假说""弱波特假说""强波特假说"。其中，狭义波特假说是指基于某一特定类型的环境规制（如命令控制型或市场激励型或自愿型环境规制）对企业创新的影响，灵活的政府监管机制（如以市场为基础的规制工具）更能刺激企业的创新活动（Wang et al.，2018）；弱波特假说是指在面临环境规制时，为抵消环境政策合规性带来的成本增加，企业被迫寻找某些类型的创新，这会在一定程度上提升企业的创新能力；强波特假说是指在信息不完全的市场中，环境规制不仅能促使企业生产新产品、优化生产工艺，以符合政府部门监管要求，同时还迫使企业创新经营模式、改进技术水平、提升生产效率，使得创新带来的收益大于环境规制带来的额外成本，从而提高企业利润（Wen and Liu，2022）。

在波特假说被提出后，国内外学者开始对环境规制与生产率之间的关系进行大量的研究，但研究的结论存在较大差异（Wu，2023）。整体来说，学者关于两者之间关系的研究结论可概括为以下四种：第一种是环境规制降低企业生产率；第二种是环境规制提高企业生产率；第三种是环境规制对企业生产率具有非线性影响；第四种是环境规制与企业生产率之间不存在显著的因果关系（Xu et al.，2021）。

企业的竞争优势并非只依赖静态的博弈行为，还取决于动态的技术创新，这才是企业的核心竞争力。波特假说认为，在企业保持其他投入不变的情况下，适当的环境规制可以刺激企业的技术创新行为，进而改进生产工艺，提高生产效率，降低能源消费总量和提升能源利用效率，这不仅能抵消环境规制带来的合规成本，同时也可以提升企业的盈利能力和产品质量，提高企业资源配置效率和增强国内外竞争优势（Yan et al.，2023）。

综上，在技术创新方面，环境规制对技术创新的影响既有正向的创新补偿效应，也有观点截然相反的负向的成本遵循效应。具体地，负向的成本遵循效应认为环境规制会提高企业的合规成本，从而挤出研发投资，降低生产效率，不利于技术创新；正向的创新补偿效应认为合适的环境规制能倒逼企业增加创新投入，促进技术进步，从而不仅能弥补企业的遵规成本，还能提高企业的生产率和竞争力。

3.1.2　环境规制与产业结构

在环境规制与产业结构方面，相关研究主要从区域层面进行论述，主要有针对区域内部的倒逼效应理论和环境竞次假说（You and Zhang，2022）。由于中国区域条件的高度异质性，即便在同样的环境规制背景下，各地政府也可能会做出不同的回应。一方面，严格的环境规制，如果能够内化为各个地方政府的施政目标，就会从本区域的产业层面，发挥产业政策的布局和引导作用，倒逼地方政府发展新兴的绿色产业，并促进传统产业的绿色转型，即倒逼效应理论。另一方面，发展是党执政兴国的第一要务，各个地方政府面对日趋激烈的区域竞争，为实现经济发展、吸引投资，可能竞相下调环境规制标准，向环境规制的底线调整，采取策略性环境规制互动行为，即环境竞次假说。

（1）倒逼效应理论

在经济学中，"倒逼"一词最早来源于货币经济学，是指在强政府干预的经济体制下，大量的国有企业和地方政府出于自身利益考量，往往迫使商业银行不断增加贷款数量，从而使得中央银行被动地增加货币供应量，形成倒逼机制。回顾中国改革开放历程可以发现，倒逼机制是解决诸多问题的成功策略之一，也是"目标责任制"实施的基石，广泛存在于社会经济各领域（余泳泽等，2020；Zeng，2022）。自1978年改革开放以来，目标责任制作为一种具有中国特色的层级驱动机制，是一级政府或政府部门用以传达本层级意志，实现具体行政目标的重要抓手和关键工具。实践中，多层级党政组织通过明确任务中心的目标体系，形成落实到人的责任分配制度，开展激励导向的绩效考核，驱动下级切实完成行政任务，继而推动跨层级政策落实和治理目标的实现（Zhou et al.，2022）。在经济发展、环境治理等关乎人民福祉的公共事业中，目标责任制发挥了不可替代的作用，其生效机制、失效风险均引发学界大量讨论。

在应用于环境规制时，政府首先设定节能绩效目标，借助行政命令，采取多种手段和途径，倒逼政府根据外部环境的变化，改变行动策略，选择更有利于自身长远发展和社会整体利益的增长模式（张芳和于海婷，2024）。因此，这一逆向运作的经济治理机制，在环境治理中发挥了重要作用（Zou and Wang，2024）。从全球角度来看，能源安全风险增大和气候环境恶化的现实对区域产业结构和人类经济社会发展模式调整产生了倒逼机制，于是就出现了全球经济低碳转型的理论和实践；从应对气候变化的阶段性目标来看，到21世纪末的温控目标也产生了倒逼机制，于是就有了各国的"国家自主贡献"承诺和环境规制方面的努力（陈诗一等，2024）。

从中国的国情来看，双碳目标的承诺无疑也产生了倒逼机制，国家层面和各省份相继出台了相关法律法规。例如，国家层面的《完善能源消费强度和总量双控制度方案》，地方层面，2021年9月云南省节能工作小组发布的《关于坚决做好能耗双控有关工作的通知》等，旨在以逆向思维方式，从可持续发展的长期战略视角，通过双碳目标的设定，对产业结构优化升级产生倒逼机制，力求在该机制的助推下，以较低的成本促进产业结构转型（封亦代等，2023），实现能源发展模式的创新，并探索出一条新的能源利用和环境保护可持续发展模式。

（2）环境竞次假说

环境竞次假说也被称为逐底竞争假说（race to the bottom），该假说认为，在国家层面，随着经济一体化程度的提高，各国为了吸引外商投资，在激烈的竞争中竞相降低环境标准，获取比较优势（崔惠玉等，2023）。自由贸易使得每个国家都担心他国采取比本国更低的环境标准而使本国失去竞争优势，为避免产生损失，各国竞相采取比他国次优的环境政策，从而造成了全球范围内的环境标准下降，出现环境标准竞次现象（杜克锐等，2023）。该假说的前提假设是资本可以自由流动，并且较低的环境标准是资金流出的主要原因。Wheeler（2001）反对环境竞次假说，其以近年来吸引了世界上大多数投资的国家（如巴西、墨西哥和中国）和美国的空气质量变动趋势为研究对象，研究结果显示，随着经济一体化和全球化的发展，样本国家主要大城市空气质量都呈现上升的趋势，污染水平呈下降趋势。但环境竞次假说是有缺陷的，从区域层面来看具体表现在四个方面：①对大多数产业布局来说，污染控制并不是决定性要素；②在低收入国家，即使缺乏管制，也会对有毒污染物的排放等进行控制和惩罚；③收入水平的提高一般会促进环境管制力度的加大；④当减污的单位成本降低时，当地政府会趋向于控制污染。在该假说的影响要素方面，Bhagwati（1998）的研究结果表明，在自由竞争经济下，如果市场是有效的，税收工具的利用不被限制，则资本流动不会导致环境标准的"竞次"。进一步研究表明，即使存在垄断，只要税收工具合理，上述结论依然成立。

综上，在区域层面，严格的环境规制既可能倒逼地方政府遵守规制，促进产业结构的优化，也可能促使其采取策略互动行为，降低环境规制标准，进一步高碳化产业结构。

3.1.3 环境规制与 FDI

在环境规制与 FDI 方面，相关研究主要从国家层面进行论述，主要有"污染避难所"假说和"污染光环"假说。随着全球经济一体化进程的加速，世界范围内的外商直接投资的水平在不断提高，对全球经济增长起到了重要的推动作用。FDI 在给东道国带来资本和技术的同时，也给东道国带来了环境污染问题。因此，FDI 的投资区位选择也成为研究的热点问题。目前学术界主要有两种截然不同的观点，即严格的环境规制既可能阻碍 FDI 进入东道国，FDI 转而流入环境规制较宽松的国家或地区，即"污染避难所"假说，也可能恰恰相反，吸引 FDI 进入东道国，即"污染光环"假说。

（1）"污染避难所"假说

"污染避难所"假说的雏形是由 Copeland（1994）在研究南北贸易和国际贸易的环境效应时提出的。该研究发现，在贸易自由化条件下，高污染产业不断地从发达国家转移到发展中国家。这主要是因为发达国家的环境保护意识较强，在发展经济同时也制定了严格的环境规制，这样发达国家的高污染产业的成本也会相应提高，在利润最大化原则的驱使下，高污染产业转移到环境标准较低的发展中国家，以获取成本优势。从整体进行考量，污染转移并未使发达国家的环境得到根本改善，但会加剧发展中国家的环境污染，且污染加剧程度远大于发达国家的环境改善程度，总体上会对环境产生负面影响。

"污染避难所"假说涉及诸多因素，逻辑关联错综复杂。Taylor（2004）的研究把"污染避难所"假说的形成细分为五个环节：一是国家或区域特征决定环境规制；二是环境规制会影响企业的生产成本；三是生产成本影响贸易或 FDI 的流动；四是 FDI 的流动会影响污染、价格及收入等变量；五是污染、价格及收入又会反过来对环境规制施加影响。因此，在自由贸易条件下，当产品价格一致，成本是决定区位选择的决定性因素，污染企业会选择在环境标准较低的国家进行生产，因而吸引更多对环境敏感的 FDI，从而推动污染密集型产业发展，并最终成为"污染避难所"。"污染避难所"假说的前提是，较高的环境标准和较严格的环境规制会损害国内相关产业在国际市场上的竞争力。

（2）"污染光环"假说

"污染避难所"假说被提出后，大量相关的实证研究结论不一，但能证明此假说的较少，而相反的结论形成了"污染光环"假说。该假说认为，随着环境规制强度的提高，更多来自较高环境标准的发达地区的 FDI 进入本区域，在投资过程中，先进的环保节能技术以及环境管理标准体系会向发展中国家扩散，形成"溢出效应""示范效应""竞争效应"，从而提高发展中国家的技术水平和节能绩效。例如，作为跨国投资的最大承载体，跨国企业在发达国家不仅面临严格的环境规制，还面临政府、组织、公民对环境保护的严格监督，这促使跨国企业在生产过程中研发和使用先进的污染处理技术。在对外投资时，一方面，通过提升能源的利用效率、降低能源强度、优化能源结构，解决在发展中国家面临的环境规制问题；另一方面，通过知识扩散、技术外溢与转让、资金投入等方式促进发展中国家节能技术的发展。因此，跨国企业的对外直接投资无形中促进了发展中国家的经济发展和技术进步，更深层次地推动国家之间的节能环保合作，提高发展中国家的节能绩效和环境生态质量。在相关探讨中，Grossman 和 Krueger（1995）最早提出国际经济的一体化将提升发展中国家的收入水平，增加这些国家对高质量环境的需求，从而最终提升发展中国家的节能绩效，并改善环境质量。Copeland 和 Taylor（1997）也证实，资本流动对污染水平的影响取决于具体的贸易和投资形态。

综上，FDI 在对节能绩效产生影响的过程中扮演着双重角色，既可能引发"污染光环"效应，也可能引发"污染避难所"效应。

3.2 财政分权理论

3.2.1 财政分权理论的演进

（1）第一代财政分权理论

财政分权，从政府间关系的角度而言，是指通过法律等规范化的形式，界定中央和地方各级政府间的财政收支范围，并赋予地方政府相应的预算管理权限，其核心是地方政府拥有一定程度的财政自主权。财政分权理论是为了解释地方政府存在的合理性和必要性，弥补新古典经济学原理不能解释地方政府客观存在这一缺陷而提出来的，即解释为什么中央政府不能够按照每个居民的偏好和资源条件供给公共品，实现社会福利最大化，从而论证了地方政府存在的合理性和必要性。

财政分权理论散见于公共经济学的各种流派之中，财政联邦制理论是财政分权理论的一个重要分支，其被用来研究哪些活动应该在中央政府层面执行，哪些活动应该由地方政府来执行。第一代财政分权理论随着 20 世纪 50 年代公共财政理论发展而发展，其以新古典经济学为主要的分析范式，关注的重点在于多级政府存在的合理性及其对政府公共服务供给效率的提升作用，同时分析公共物品的非竞争性和非排他性。传统财政分权理论对财政分权的合理性、必要性给出了一定的解释和说明，研究的一个基本问题是如何将各项财政职能及相应的财政工具在各级政府间进行合理的分配。核心观点是：如果将资源配置的权力更多地向地方政府倾斜，那么地方政府间的竞争，能够使地方政府更好地反映纳税人偏好。主要有以下三个代表性理论。

①哈耶克的"信息优势"理论。相较于中央政府，地方政府对本地企业和居民的公共物品需求偏好有着更多的了解，即有着更大的信息优势，因此由地方政府来提供公共物品可以更好地满足本地需求，从而提高整体的社会福利。

②蒂伯特的"用脚投票"理论。如果人们在社区间是充分自由流动的，政府就会力争为纳税人提供最有效率的公共产品和服务，否则纳税人会迁移至能够满足他们偏好的社区。"用脚投票"使得每个人都可以通过选择，居住在自己感到满意的、有最佳公共服务和税收组合的社区。同时，"用脚投票"的存在也能够促使地方政府间为了争夺劳动力与资本而相互竞争，促进政府不断提高公共产品和资源的配置效率。在均衡状态下，人们基于对公共物品和服务的不同偏好而分布在不同的社区，每个人都得其所愿，不可能再通过流动来改善境遇，从而实现帕累托均衡。

③施蒂格勒的"财政分权理论"。基于假设——地方政府比中央政府更了解它所管辖区域的公民的效用与需求，同时，公民有权对不同种类不同数量的公共服务进行投票表决，可以阐明地方政府存在的必要性，拥有"最佳配置职能"的财政分权理论认为，要建立一个有效的财政体制，必须解决社区最佳规模设置问题，并需要在既定公共服务水平下，综合考虑以下两个因素：一是分担成本递减的有利条件；二是社区居民拥挤程度递增的不利条件。高效率的财政体制要求有多级财政单位，但它们在规模和地区范围上有所区别。其中，全国性的公共产品，应由中央政府提供；而区域性的公共产品，则应当由地方政府提供。奥茨的"分权定理"认为，对某种公共品而言，如果消费者是涉及全部地域的所有人口的子集，并且中央政府和地方政府对该公共品的单位供给成本相同，那么地方政府将一个帕累托有效的产出量提供给它们各自的选民则总是要比中央政府向全体选民提供的任何特定的且一致的产出量有效率得多。因为，相比于中央政府，地方政府更了解公众的效用与需求，也就是说，如果下级政府能够和上级政府提供同样的公共品，那么下级政府的提供效率会更高。

（2）第二代财政分权理论

第二代财政分权理论是 20 世纪 90 年代兴起的，其在第一代财政分权理论的基础上，逐步将委托代理理论和公共选择理论等引入财政分权框架，打开了政府财政管理的"黑箱"。该理论认为，地方政府官员有自利动机，有效的政府激励能使官员和居民在福利上实现"相容"。在研究内容上，第二代财政分权理论不再讨论政府间公共物品提供的责任，而是更加注重运用实证研究方法，探讨分权模式和分权影响。

以钱颖一和温格斯特为代表的学者将分权理论讨论的中心由公共物品的有效供给拓展到对地方政府行为的研究，特别是地方政府分权行为对经济增长的影响。在财政分权问题上，则更关注如何设计出一套机制，以实现对公共政策制定者的激励。在研究范围上，第二代财政分权理论从西方发达国家逐步转向发展中国家，并且有很多研究将转型中的中国作为主要研究对象，着重强调财政分权对地方政府推动社会转型和经济增长的激励作用。Montinola 等（1995）认为，中国式的财政分权在为地方政府发展经济和开展竞争提供激励的同时，也产生了保护改革的作用，为中央政府的经济发展和其他非正规资源的配置施加了一种限制。Qian 和 Weingast（1996）提出，20 世纪 80 年代，中国财政分权改革确立了一种维护市场的财政分权框架，改革赋予了地方政府管理本地经济的责任，强化了地方政府的预算约束，同时，改革也有助于消除地区间的市场分割，促进全国统一大市场的形成。

第二代财政分权理论的研究已超出了财政领域，主要表现在以下几个方面：实验联邦主义和制度创新、财政分权与财政腐败、分权对环境质量的影响等。其中，分权对节能绩效的影响将是本书讨论的重点。由地方政府分散化提供公共物品这一观点在理论和实践中，都得到了广泛认可。但是由此也带来了一个不可忽视的问题，即分权下地方政府竞争会导致环境质量下降。在分权制下，地方政府为了吸引企业投资，往往会采取降低税负的策略，收入的降低可能导致公共品支出的下降，从而使得公共服务的产出达不到帕累托最优水平。地方政府为发展本地经济，也可能会降低环境标准，以减少辖区内企业治理污染的成本，结果辖区间政府竞争会导致环境恶化。

3.2.2　中国式分权制度

改革开放以来，中国经济高速发展，制度改革也随之推进。特别是始于 20 世纪 80 年代的财政分权制度改革，主要通过优化资源配置，推动社会创新和技术进步，推动经济可持续增长。中国式分权制度通过赋予地方政府一定的收入自主权和支出自主权使地方政府可以通过财税政策高效配置资源，对辖区内的经济进行调控和干预，从而显著促进辖区内的经济增长。在中国式分权制度下，经济管理权下放使地方政府在经济发展中能够相对自由、独立地进行选择和规划，并能够留存一定比例的财政收入。在这样的激励机制下，地方政府获得了极大的发展经济的积极性。

中国式分权的基本特点是"经济上分权"和"政治上集权"，并且两者通过地方经济增长绩效考核连接在一起，即中央政府在政治上保持统一领导，地方政府行使属地管辖权责，中央政府主要以政绩考核制度和官员任免制度实现政治集权。在对地方政府进行政绩考核的过程中，中央政府倾向于根据经济增长绩效决定地方政府官员晋升，在这样的考核导向下，地方政府几乎倾尽全部资源和能力大力发展经济，力图实现经济快速增长。在这样的体系下，当中央政府为地方政府设定目标后，地方官员既要保证 GDP 增长率又要关注 GDP 排名，迫使地方政府为了增长而竞争，政府间形成竞争关系。

在执行中央政府政策的过程中，地方政府和中央政府的目标不一致时，地方政府往往会采取策略性行为，形成二者间的博弈关系。为了在"晋升锦标赛"中获胜，地方政府往往会降低环境标准，甚至进行环境"逐底竞争"。改革开放后很长一段时间内，在以 GDP 为导向的政绩考核观下，很多地方都以牺牲不可再生资源和环境为代价来换取经济增长。但近年来中央政府环保政策密集出台，强调弱化 GDP 考核，加大节能绩效、环境保护、生态效益等指标在政绩考核中的权重，加大生态文明考核力度。这一机制更有利于改变地方的"唯 GDP"思想，能更好发挥环保政策的"指挥棒"作用。基本所有省份均已建立绿色 GDP 的经济核算和政绩考核体系，可持续发展理念更多地在地方的经济活动中得到贯彻。环境规制可以调节财政分权与经济高质量发展之间的关系，当环境规制强度较弱时，负向调节财政分权和经济发展间的关系；当环境规制强度提高到一定程度时，则对财政分权和经济发展间的关系起到正向调节作用。

财政分权制度改革后，随着我国市场经济体制的不断完善，政府相关规制政策也日趋成熟。因此，在时代背景和经济体制上，中国式分权与环境规制这两个概念是能够相互契合的。尽管环境规制的出发点是消除负外部性造成的效率损失，但是斯蒂格勒的规制均衡模型指出，对经济资源的再分配才是政府规制的本质。在中国式分权的制度背景下，拥有独立利益诉求的地方政府很可能会利用环境规制对经济资源的再分配作用谋取自身利益。

3.3 新制度经济学理论

3.3.1 制度变迁理论

制度变迁理论是新制度经济学的重要内容之一，代表性人物诺斯认为，技术革新固然能有效促进经济增长，但如果没有进行制度创新和制度变迁，就无法通过一系列制度构建把技术创新的成果巩固下来，那么人类社会政治、经济、文化的长期发展是无法持续的。总之，诺斯认为，制度对一个国家的经济增长和社会发展具有决定性的作用。

我国市场经济虽已经过近五十年的发展，但仍然存在行政权力过度干预市场的现象，尤其是在一些地区和行业，地方保护、行业壁垒等现象广泛存在，这些由政府实施的反竞争行为和市场失灵、信息不对称等的存在严重扭曲了市场机制，降低了资源配置效率，使市场运行无法达到帕累托最优。因此，对市场运行进行规制是必要的。政府作为制度变迁主体，是环境规制的最大供给者，可以对环境规制进行选择和变革。在环境治理方面，政府以正式制度的形式自上而下强制推行环境规制，下级政府则根据政策文件、法律法规推动环境规制变革。

在环境规制的制定方面，中央政府是制度变迁的直接设计者和推动者，在全国范围内自上而下推行环境规制变革，决定着环境规制变迁的具体进程，是初级行为团体。1979 年，《环境保护法（试行）》发布，《海洋环境保护法》《水污染防治法》等陆续出台，这些制度安排和决策都是中央政府做出的，中央政府代表国家组织，推动、参与环境规制的构建和设计。在中央政府的要求和指导下，国务院各部门、各地方政府（省、市、县三级政府）成为环境规制的次级行为团体，是制度变迁的执行者。地方政府结合中央的精神，探索符合本地环境保护实际的制度安排，辅助中央政府完成环境规制变革。

从环境规制演变的过程来看，中央政府是环境规制变迁的主导力量。在有限理性经济人假设下，各级政府均有自身偏好，在推行环境规制变迁过程中也追求自身利益的最大化。因此，只有当新的制度安排存在潜在收益以及推行环境规制变迁的预期收益高于成本（或交易费用）时，政府才会积极主动去推动环境规制的变迁。降低制度成本、提高制度效益、节约交易费用是制度变迁的原因。环境规制的政策实践与变迁能够为新经济制度供给提供内在动力。

环境规制的实施在推动产业结构调整的同时，不仅能促进第二产业的转型，也引导新能源、低碳环保、环境服务等新兴第三产业的发展，并规制企业的节能减排行为，增加环境制度供给者的收益，进而提供了制度变迁的内在动力。优化环境规制，促进节能减排，推动经济高质量发展，是适应新阶段中国社会主要矛盾变化的必然要求。然而，环境保护和节能减排是社会发展密切相关的两方面，环境规制不足或规制过多均不利于节能行为的持续发展。因此，需要辨明环境规制影响节能绩效的内在机理，科学把握环境规制的政策力度，以便设计出最佳的环境规制政策机制，优化环境规制政策结构，推动中国早日实现碳达峰碳中和目标。

3.3.2 制度变迁中的路径依赖问题

"路径依赖"（path dependence）理论最早由大卫·保罗在 20 世纪 80 年代分析技术变迁时提出，后经布莱恩·阿瑟的扩展，主要用于解释技术变迁的自我强化、自我积累现象。布莱恩·阿瑟认为，经济社会中的技术系统一旦进入某一路径（无论好坏），惯性的力量会使其不断进行自我强化且锁定（lock-in）在该路径上，并且很难从中脱离出来。道格拉斯·诺斯是使路径依赖理论得以广泛传播的关键学者，也是第一个提出制度路径依赖理论的学者，该理论成功地阐释了经济制度的演进逻辑和变迁路径。

道格拉斯·诺斯将阿瑟提出的技术变迁机制拓展到制度变迁中，认为历史偶然性事件或小概率事件只是路径依赖形成的一部分原因，制度变迁中行动者的有限理性和制度改变产生的高昂成本才是路径依赖形成的关键要素。与此同时，其强调经济、政治等社会环境的作用，认为制度变迁还会受到文化因素的影响，比技术变迁更加复杂。换言之，"路径依赖"的概念类似于物理学中的"惯性"，进入某一路径（无论是好是坏）后就可能对这一路径产生依赖。因此，在既定的制度变迁目标下，要正确选择制度变迁的路径并不断调整方向，使之沿着不断优化的轨迹演进，避免陷入制度锁定状态。整体而言，制度变迁的驱动力有两个，即制度的收益递增性和网络外部性。这种观点是否成立，主要取决于经济和社会交易成本的存在性和显著性，但还需要进一步的研究。道格拉斯·诺斯也由于对路径依赖理论的开创性贡献和成功地阐释了经济制度的演进规律，获得了 1993 年的诺贝尔经济学奖。

道格拉斯·诺斯认为，在制度变迁过程中，路径依赖的产生原因主要有三个。一是正式规则对经济发展的作用是连续的、累积的。一国政治法律制度约束着经济自由度和个人行为，进而影响经济效益。二是非正式规则对经济发展的作用更持久，影响也更为深远。但与正式制度相比，非正式制度具有较强的韧性，其变迁也有连续、缓慢、渐进、内生的特性。在历史上,虽然许多国家的政治法律制度差异不大,但经济发展路径大相径庭,主要原因就是不同的非正式制度和文化传统在发挥作用。三是与制度相关的特殊利益集团具有保持制度变迁持续进行的动力。因为利益集团与现有制度是共存共荣的,而且在各种利益的博弈中处于主导地位,其只会强化现有制度,从而促使制度变迁保持原有的惯性,按原有的方向持续下去。

青木昌彦的制度分析理论对于路径依赖的演进也具有重要意义。通过对原有的基本制度结构的研究,其认为路径依赖在制度重建时,受到制度制定的主导者认知能力的影响,这种主观选择决定了制度变迁的路径,导致旧制度在新政权中以新的形式不断延续。这一理论对处于经济体制转型过程中的国家来说显然具有重要的现实意义。

从中国环境规制的演变历程来看,路径依赖的特征明显,同时"公众缺失"与"机构缺位"特征突出。中国环境规制体系的构建采取的是自上而下的组织形式,政府是实施的主体,公众参与环保的积极性不高,"公众缺失"特征明显。环境规制机构从一开始就被定位成政府的下属机构,独立性难以保证,"机构缺位"特征突出。同时,中国在很多方面都借鉴了发达国家的做法,不断完善环境规制的法律基础,扩大环保部门的权限,并通过制定一系列政策探索拓展公众参与的路径。但是,从制度演变的结果来看,目前仍未实现环境规制的独立性与公众积极参与的多主体性。

3.4 新经济地理学理论

经济地理学是以人类经济活动地域系统为中心的一门学科,是经济学和地理学的综合性交叉学科,经历了快速的演化和发展。国际主流经济地理学主要经历了三次变革,即从计量革命的新古典经济学模型解释,到政治经济学派的社会结构剖析(社会空间辩证法),再到新区域主义对区域发展独特性和创新能力的分析。从主要的研究方法和研究视角看，每一次转变都在更深层次上揭示了经济活动的空间演变过程和规律。到 20 世纪 90 年代，经济地理学研究出现了空间经济学的再度兴起、文化和制度转向两大新方向，它们对经济地理学的发展产生了不同程度的影响，被倡导者称为"新经济地理学"。

传统的经济地理学以地域空间为基本单元，研究世界各国、各地区的经济活动系统及其发展过程。研究的基本问题是解释经济活动在世界各地域分布的不均匀现象，认为分布差异存在的根本原因是自然环境自身的不均衡性、经济特有的扩散力和聚集性。人类的经济活动不断重塑自然格局，造成世界范围内不同空间层次的自然环境变化。如果忽视对人类经济活动空间规律的思考，也就无法正确透视各种空间尺度的可持续发展问题。同时，经济地理学在社会经济实践中起着重要作用，其以独特的研究视角和研究方法在思考和解释社会经济系统变革的空间内涵和过程方面具有重要价值。

新经济地理学以克鲁格曼为代表，重拾并发展了空间经济学的计量方法，用以分析经济活动的集聚性和空间变化，并强调规模报酬递增的核心驱动力就是经济活动的空间集聚过程。但由于其存在明显的缺陷，即将经济活动的复杂性简化为纯粹经济因素的分析、缺少明确的空间分析单元和实践应用意义，不能成为国际经济地理学研究的主流。在经济学家倡导空间经济分析的同时，社会科学领域的学者们对"经济"本身产生了质疑，进而导致经济地理学研究出现了新的转向，即文化和制度转向，核心是对"经济"的重新理解，认为"经济"自身越来越可以被理解为一种语义论述的现象，经济与社会和文化是不可分割的。迪肯和史瑞夫特把"嵌入"引入经济地理学，使这门学科融入文化、社会和制度背景之中，并从中获得新的研究内涵。经济活动的参与者根据性别、种族、阶级和文化差异而表现出不同的行为特征，而制度环境也造就了不同的经济行为。

经济地理学转变的背后是广泛而深入的全球经济变革。随着经济活动频繁跨越国界，地区与全球之间的空间关系成为地理学家关心的核心问题。理解和解释全球化过程中不同地区经济活动的差异性（即经济的多元性），必须摆脱传统的思维框架。因此，全球经济变革的实践以及相伴出现的研究方法和视角的转变，为经济地理学创造了众多新的、充满思辨性的研究领域，目前国际新经济地理学领域的主要研究热点如下。①技术进步的空间影响研究。近半个世纪以来，技术进步速度之快令人咋舌，特别是信息技术和人工智能技术。经济地理学家对飞速的技术进步给社会经济空间带来的影响这一议题非常感兴趣。②经济与环境关系的研究。欧美经济地理学家没有刻意强调可持续发展，但经济与环境关系的研究是目前重要的领域之一，包括循环经济、绿色制造、环境政策、政治生态学等具体议题。

4 环境规制和节能绩效的关系研究

在以"财政分权"和"政治集权"为核心的"中国式分权"背景下，财政激励、政治激励和私人利益激励诱发的"增长型地方政府"会不断争夺流动性资源，规制竞争也不例外。

理论上，政府制定环境规制，对化石能源的生产者和使用者征收各种税费等，通过增加生产要素成本，进而减少能源需求；或者通过补贴手段，鼓励使用清洁能源，优化能源消费结构。显然，无论是对化石能源征收税费，还是对清洁能源进行补贴，都旨在发挥政策的"倒逼效应"，达到降减少化石能源需求、提高节能绩效的目的。但依据"绿色悖论"，生产者对化石能源前景的不乐观估计，可能导致化石能源供应增加，促使价格降低，刺激需求上升。因此，环境规制对节能绩效的影响，既可能存在正向的"倒逼效应"，也可能存在逆向的"绿色悖论"（见图4-1），也许两种作用同时存在，而且两者之间并非简单的线性关系。因此，本章对两者的关系进行深入研究。

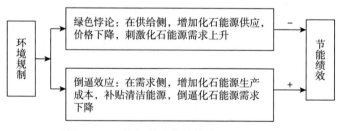

图4-1 环境规制对节能绩效的作用机理

4.1 环境规制的统计测度

本部分主要从支出和绩效两个方面对环境规制进行测度。

4.1.1 衡量环境规制支出的指标

各国环境规制的严格性存在差异，一个通用的方法是采用污染治理支出进行衡量，即监管成本占增加值的比重，或者污染治理和控制支出（PACE）数据。美国环境保护署自20世纪70年代以来收集PACE数据，欧洲和亚太国家自20世纪90年代以来也开始收集PACE数据。国家财政方面的环境支出是污染治理支出的一个重要来源，在污染治理方面的财政分配也是国家意志的反映。Gray和Shadbegian（1998）利用美国在环境和自然资源保护方面的财政预算支出作为环境规制的替代指标。近年来，随着环境问题的日益严峻，中国政府出台了多项污染治理方面的环境政策。王勇和李建民（2015）认为中国目前在污染治理方面的环境规制主要有"三同时"制度、排污费、老污染源的治理投资、城市环境基础设施建设和环境影响评价，以上规制基本包含了政府进行污染治理的各种支出。污染减排支出不仅包含政府的支出，也包括企业方面的支出，企业的污染减排支出越高说明政府的环境规制越严格。企业层面环境规制强度的测度主要依赖企业环境支出调查，如Becker（2005）使用美国PACE数据衡量环境规制的强度。国内学者广泛使用《中国环境年鉴》中各类污染减排方面详细的地区和行业支出数据进行衡量，如闫文娟和郭树龙（2016）利用各省废水治理投资支出与工业废水排放量之比来衡量各省环境规制强度。

政府在污染治理上的支出还体现为政府在环境规制监管和执行上的努力程度。在大多数情况下，企业必须支付环境监管成本，但特定行业的环境监管成本在一定年限内趋于稳定。由于不同污染强度的企业分布在多个行业，环境规制标准难以衡量环境规制强度。

众多学者也从经济学视角关注环境规制测度问题，虽然环境法规的数量在过去几十年里在全球范围内激增，但普遍的共识是，到目前为止，在大多数行业，执行环境法规的成本占行业产值的比重相对较小。Pasurka（2008）的一项调查发现，在经合组织国家中，2000 年用于减少污染的制造业成本支出比例在 1%~5%。除了影响边际生产成本外，环境法规还可能影响企业的进入成本和退出成本。有学者研究发现，《美国清洁空气法》1990 年修正案对波特兰水泥行业的边际（可变）成本没有影响，但通过增加平均进入沉没成本，提高了现有企业的竞争力。具体而言，由于严格的环境认证和测试，新建设施的成本增加了500 万美元至 1000 万美元。虽然环境法规增加了行业生产的成本，从而影响生产水平和盈利能力，但由于遵守环境法规可能提高生产效率，降低合规成本，使收益大于成本，进而实现产品总成本的降低。对这种成本的上升是否能够被收益的增加全部抵消、企业收益是否大于投入成本等问题，就需要建立一个影响企业成本和收益的指标体系，并以此体系分析环境规制对企业绩效的影响，探索环境规制影响企业绩效的内在机制和有效途径，从而为环境规制相关政策的出台和绩效分析提供一个较为合理的理论基础。

综上所述，支出型指标衡量了企业遵循环境规制的成本和政府、环保机构为实施规制、保证规制效果所付出的成本。其中，企业的污染减排支出与面临的环境规制强度存在密切联系，衡量指标主要包括污染减排成本、污染治理投资、监督检查次数、政府环保支出等。其中，最常使用的是污染减排成本及污染减排成本占产业增加值或企业总成本的比重等。

4.1.2　衡量环境规制绩效的指标

绩效型指标反映了企业在政府环境规制下的污染水平，即体现了政府环境规制的绩效，其中暗含的假定是，在未受到政府环境规制的约束或者规制宽松的条件下，企业基于生产成本增加的担忧不会主动降低污染水平。如果上述假定成立，企业污染水平的变化可以成为反映政府环境规制绩效的理想指标。Lähteenmäki-Untela 等（2017）使用波罗的海、北海和英吉利海峡所用船舶燃料的含硫物排放量来测度国际海事组织制定的硫排放管制区（SECA）法规的影响，试图提出一个全面的规制影响框架，用于分析海事环境规制的社会经济影响。

绩效型指标包括主要污染物排放量/处置率（傅京燕，2010）和排污费（税）（陈德敏和张瑞，2012）。国外对环境规制绩效的实证研究起步较早，主要集中在如下几个方面。

第一，直接测度环境规制对污染物排放的影响。Shapiro 和 Walker（2018）研究发现，环境法规变化是污染物排放水平变化的主要原因。在 1990~2008 年，尽管美国制造业的实际产出大幅增长，但排放的常见空气污染物下降了 60%，在这项分析的早期，环境规制增强造成污染物排放减少约 10%。Acheampong 和 Kemp（2022）具体分析了海上石油和天然气行业实施的一系列环境规制对英国大陆架（UKCS）污染物排放的影响，研究表明，过去 20 年里，UKCS 的环境状况有了很大改善，表现为碳氢化合物排放（HCR）引发的环境污染事件已从 2007~2008 年的 189 起减少到 2018 年的 96 起，十年间减少了约 50% 的 HCR 和采出水排放（污染指标）。

第二，将环境规制与环境库兹涅茨曲线（EKC）结合起来分析，以衡量或说明环境规制的绩效。Hettige 等（2000）利用巴西、中国、印度、美国等 12 个发达国家和发展中国家企业层面的工业污水排放数据进行计量分析，认为使工业废水排放量随着收入增加而减少的主要因素是严格的环境规制。Bhattarai 和 Hammig（2001）考察了拉丁美洲、亚洲和非洲 66 个国家森林采伐和经济发展的关系，结果表明环境规制的改善能够显著减少森林采伐。

第三，分析环境规制对污染密集型产业的影响。Conrad 和 Wastl（1995）对 1976~1991 年德国污染密集型产业的全要素生产率和环境规制的实证研究表明，环境规制降低了污染密集型产业的全要素生产率。Greenstone 等（2013）使用企业普查数据，检验了环境规制对污染密集型产业发展的影响，实证结果表明，环境规制会限制污染密集型产业的发展。

国内对环境规制绩效衡量的实证研究起步较晚。夏永久等（2006）在环境库兹涅茨曲线的基础上，采用三次曲线分析方法，对兰州市的环境政策进行评价。研究指出，通过结合自身优势实施一定的环境规制，兰州市不仅保持经济的持续快速增长，也基本遏制了环境污染加剧的趋势。包群等（2013）利用倍差法思路，研究地方环境规制监管的实际效果。研究发现，执法力度对环境规制监管有显著影响，降低地区的污染物排放水平同时有赖于有法可依与执法必严。Wu 和 Lin（2022）利用 2000~2017 年中国省级面板数据，研究发现，环境规制与能源环境绩效之间存在"U"形关系，低强度环境规制抑制了能源环境绩效的改善，但随着环境规制强度的提升，能源环境绩效将有所提高。这一机制主要通过技术创新发挥作用，但作用效果存在明显的地区差异。Wang J 等（2022）综合评估环境法规和技术创新在促进节能减排方面的潜在有效性。其研究基于 1995~2017 年中国 IS 产业数据，引入外生政策因素，采用向量误差修正模型（VECM）考察了二氧化碳排放与环境规制之间的关系。实证分析表明：二氧化碳排放随工业产值增长呈倒"U"形曲线时，环境库兹涅茨曲线存在，严格的环境法规有利于减排，并且环境法规在减少排放方面发挥关键作用，特别是在 2006 年以来实施的具有市场和共同控制功能的环境法规。

鉴于此，本研究拟从支出型指标和绩效型指标（监管指标和收益指标）中初步选取三个替代指标对环境规制进行测度。支出型指标借鉴沈能和刘凤朝（2012）、张华和丰超（2015）的方法，计算环境规制评价指数来衡量环境规制强度；监管指标借鉴杨海生等（2008）和李后建（2013）的做法，使用排污费收入总额与缴纳排污费单位数的比值测度；收益指标借鉴李怀政（2011）和李眺（2013）的做法，使用工业 SO_2 去除率测度。

4.2 实证研究

4.2.1 计量模型设计

定义地区 i 环境规制决策行为的影响因素函数 $ER_i = f\ (ER_{-i},\ X_i)$，$ER_i$、$ER_{-i}$ 分别为地区 i 和其他地区的环境规制，传统的计量模型并不适用，而空间计量模型则提供了一个很好的工具。空间自回归模型是识别地区间空间交互行为的经典模型，然而其自身关于误差项相互独立的假设广为诟病。为了规避这一弊端，本研究允许误差项存在潜在的空间相关，进而将空间自回归模型拓展为广义空间自回归模型，具体设定如下：

$$EE_{it} = \alpha + \rho WEE_{it} + \delta_1 ER_{it} + \beta X_{it} + \varepsilon_{it}, \varepsilon_{it} = \delta \mathbf{W} \varepsilon_{it} + \mu_{it} \qquad (4-1)$$

式（4-1）中，ER_{it} 表示环境规制，X_{it} 表示影响节能绩效的协变量；ε_{it} 和 μ_{it} 为随机误差项；ρ 为空间自回归系数，δ 为空间误差系数；$\mathbf{W}$ 是空间权重矩阵，其元素 W_{ij} 刻画了地区 j 对于地区 i 的相对重要程度，WEE_{it} 是节能绩效的空间滞后项，且满足 $WEE_{it} = \sum\limits_{j \neq i} \omega_{jt}$。

关于空间权重矩阵 $\mathbf{W}$ 的设定，为了避免先验空间权重方案的冲击以确保结论的稳健性，分别构造了三类空间权重矩阵：①地理邻接型，是文献中最常见的 0-1 型矩阵，采用 Rook 法则进行赋值，即两地区拥有共同的边界时，设定为 1，否则为 0；②地理距离型，是一种逆距离型矩阵，权重元素的设定方法为 $\omega_{ij} = 1/d_{ij} / \left[\sum\limits_{j=1}^{N} 1/d_{ij} \right]$，其中，$d_{ij}$ 为地区 i 和 j 之间的地理距离，以省会（首府）之间的最短铁路里程衡量；③经济距离型，权重元素的设定方法为 $\omega_{ij} = (1/|\overline{pgdp_i} - \overline{pgdp_j}|) / \left[\sum\limits_{j=1}^{N} (|\overline{pgdp_i} - \overline{pgdp_j}|) \right]$，

其中，$\overline{pgdp_i}$ 为地区 i 在样本年度的实际人均 GDP 的平均值。

本研究主要关注参数 ρ 的正负和大小，其刻画了地区间节能绩效的策略反应强度。具体地，如果 $\rho \neq 0$，则说明本地区节能水平受到其他地区节能水平的影响。进一步，如果 $\rho > 0$，则说明地区间存在相互模仿的策略互动，被称为"策略互补"；如果 $\rho < 0$，则说明地区间存在差异化的策略互动，被称为"策略替代"。

4.2.2 变量描述

本研究采用 2000~2022 年中国 29 个省份的面板数据，所需数据来自各年度《中国环境年鉴》《中国统计年鉴》《中国检察年鉴》和各地政府工作报告，并对涉及价格指数的指标均调整为以 2000 年为基期的不变价格。需要说明的是，本研究中腐败指标数据主要来源于各省检察院的工作报告及《中国检察年鉴》中的贪污腐败、渎职贿赂立案数据。

（1）被解释变量：节能绩效

节能是一个系统工程，涉及政治、经济、文化和社会等各个方面。因此，从广义上说，节能绩效的界定，应该包括节能的能源绩效、环境绩效、经济绩效、社会绩效和技术进步绩效等多个方面；从狭义上说，节能绩效的界定，应只包括能源绩效。因为能源绩效与环境绩效、经济绩效、社会绩效和技术进步绩效等具有高度的相关性，因此，本研究便采用能源绩效对节能绩效进行狭义界定。具体地，借鉴邹艳芬（2014）的做法，以能源利用效率（EE_1）、能源消费总量（EE_2）和能源消费结构（EE_3）三个指标进行衡量。

（2）主解释变量：环境规制

本研究从投入型指标和绩效型指标中选取了三类替代指标，分别反映环境规制支出、监管和收益的三个环节，具体指标如下：①环境规制支出指标（ER_1），以单位工业增加值的工业污染治理投资额与单位 GDP 工业增加值的比值来衡量，这一做法的优势在于考虑了各地区历年工业产业结构的异质性，值越大表示环境规制支出强度越大；②环境规制监管指标（ER_2），以排污费收入总额与缴纳排污费单位数的比值来衡量；③环境规制收益指标（ER_3），以工业 SO_2 去除率来衡量。

（3）控制变量

①腐败（Corr）。目前，国外学术界对腐败的测度主要有两种方法：一是主观评价方法，如最常使用的是透明国际的"腐败感受指数"；二是客观估计方法，最具代表性的是司法指标。由于司法指标的客观性和说服力较强，所以受到国内学者们的关注，具体数据来源于《中国检察年鉴》和各省检察院工作报告中的贪污腐败、渎职贿赂立案数据。同时，为了消除规模效应，通常使用人口数量或公务员数量进行标准化处理。

②财政分权（FD）。现有文献对财政分权的度量存在较大争议，主要有三种指标：支出指标、收入指标和财政自主度指标。其中，支出指标的使用频率最高，并且多数文献通过人均化的方式消除政府支出规模与人口数量之间可能存在的正向关系。同时，支出指标又分为两种，分别以预算内财政支出占全国财政支出的比重、预算内财政支出占中央本级财政支出的比重来测度。基于数据的可得性，本研究使用后者进行衡量。

③其他控制变量。参照张华（2016）的做法，在控制变量集合中引入如下变量：人均收入、人口密度、失业率、产业结构和外商直接投资。具体地，人均收入（lnY）以人均实际 GDP 的对数衡量；人口密度（lnPD）以各地区年末人口总数与辖区面积之比的对数衡量；失业率（UR）以各省份城镇人口登记失业率衡量；产业结构（Indu）以工业增加值占 GDP 的比重的对数衡量；外商直接投资（FDI）以实际利用外商直接投资占 GDP 的比重衡量。

数据来源主要有《中国统计年鉴》《中国城市统计年鉴》《中国能源统计年鉴》和 EPS 数据库。变量的描述性统计如表 4-1 所示。

表 4-1 变量的描述性统计

变量性质	变量名	平均值	标准差	最小值
被解释变量	能源利用效率	10.28	30.79	0.0359
	能源消费总量	12154	8147	480
	能源消费结构	0.969	0.354	0.361
主解释变量	环境规制支出指标	0.0117	0.0107	0.00135
	环境规制监管指标	52245	47254	866
	环境规制收益指标	0.499	0.226	0.00385
控制变量	腐败	1243	743.6	83
	财政分权	5.016	3.007	1.180
	人均收入	13885.52	7657.952	724.11
	人口密度	374.9	402.7	2.453
	失业率	3.590	0.711	1.200
	产业结构	46.48	8.005	19.01
	外商直接投资	1.581	0.553	0.452

4.2.3 中国式分权下区域节能绩效的溢出效应分析

利用中国省级面板数据，设定地理邻接、地理距离和经济距离三种空间权重矩阵，构造广义空间自回归模型，立足环境规制的支出、监管和收益三个环节，剖析地区间环境规制的策略互动行为，界定互动的存在性、互动类型以及影响因素，并进一步挖掘影响地区间环境规制策略互动的因素。

根据空间计量经济学的原理，在进行空间面板计量模型估计之前，需对节能绩效是否存在空间自相关性进行检验，即对节能绩效进行探索性空间数据分析。依据"距离近的区域相关性较强，距离远的区域相关性较弱"的现实假设，需要构建二进制的空间权重矩阵，并且计算相应的莫兰指数，以确定相关性。

计算结果报告了三类空间权重矩阵（地理邻接、地理距离和经济距离）下，环境规制（环境规制支出、监管和收益三种指标）对节能绩效（能源利用效率、能源消费总量、能源消费结构）的空间溢出效应和政策效应，见表4-2（以能源利用效率为被解释变量）、表4-3（以能源消费总量为被解释变量）和表4-4（以能源消费结构为被解释变量）。就统计检验指标而言，莫兰指数至少在5%的水平下显著，说明模型中存在明显的空间相关性，证明了模型中引入环境规制空间滞后项和空间误差项的必要性。同时，大部分空间误差系数通过了显著性检验，说明了放松"误差项相互独立"这一假设的必要性，彰显了广义空间自回归模型的优势。下文将阐释模型估计结果。

（1）以能源利用效率为被解释变量的模型估计结果

①能源利用效率自身溢出的影响效应。如表4-2所示，在三类空间权重矩阵下，WEE_1的估计系数全部在1%的水平下显著，且系数均为正，表明地区间能源利用效率存在正向的空间溢出效应，说明在样本阶段，地区间能源效率会相互促进、共同提升。可能由于能源利用效率已经成为官员升迁的重要考核指标之一，因此，经济距离的作用（0.1849；0.1881；0.1870）远远高于0-1邻域（0.0922；0.0949；0.0939）和地理距离（0.1337；0.1365；0.1798）的作用，说明相近经济发展水平的地区更可能进行相互模仿和学习，并产生更大的相互激励作用和溢出效应。

②环境规制的影响效应。环境规制（ER_1、ER_2、ER_3）的估计系数在三种矩阵下，均显著为正，且数值相对较大，表明地区环境规制确实能够有效提高本地区的能源利用效率。

表4-2 财政分权下环境规制对能源利用效率的影响

指标	ER_1	ER_2	ER_3
地理邻接矩阵			
WEE_1	0.0922*** （-3.2872）	0.0949*** （-3.4072）	0.0939*** （-3.3640）
环境规制	0.8834*** （4.9986）	0.2331*** （2.7619）	0.1185** （2.1993）
财政分权	0.2612*** （3.2024）	0.2870*** （4.3303）	0.2119*** （3.9748）
人均收入	-0.6279** （-4.3233）	-0.7975*** （-5.0739）	-0.7342*** （-4.8043）

续表

指标	ER_1	ER_2	ER_3
人口密度	0.0400（0.4693）	0.0385（0.4554）	0.0203（0.2382）
失业率	0.0474（0.2149）	-0.0270（-0.1223）	-0.0411（-0.1841）
产业结构	-0.0391（-0.8947）	-0.9943***（-5.5297）	-0.8587***（-4.8704）
外商直接投资	-0.2527***（-2.6482）	-0.0267（-0.6125）	-0.0008（-0.0165）
腐败	-0.0922***（-3.2872）	-0.2348**（-2.4744）	-0.2385**（-2.5051）
R^2	0.6234	0.6300	0.6358
莫兰指数	0.3571***	0.0065***	0.0173***
地理距离矩阵			
WEE_1	0.1337***（-4.3828）	0.1365***（-4.4997）	0.1798***（0.0373）
环境规制	1.0242***（5.2559）	0.2326**（2.4999）	0.0372**（0.0105）
财政分权	0.2271***（3.9498）	0.2531***（5.0642）	0.2561***（0.0831）
人均收入	-0.5601***（-3.5317）	-0.7306***（-4.2454）	0.1436**（0.0589）
人口密度	0.0730（0.7780）	0.0713（0.7647）	-0.0244（0.0802）
失业率	0.0070（0.0287）	-0.0669（-0.2753）	0.0375（0.0273）
产业结构	-0.0491（-1.0212）	-1.1345***（-5.7138）	-0.1243（0.1437）
外商直接投资	-0.3451***（-3.2892）	-0.0368（-0.7651）	-0.1782（-0.1356）
腐败	-0.1337***（-4.3828）	-0.3273***（-3.1322）	-0.0020（0.0156）
R^2	0.5262	0.5396	0.5396
莫兰指数	0.3951***	0.0335***	0.6881***
经济距离矩阵			
WEE_1	0.1849***（-5.1137）	0.1881***（-5.2372）	0.1870***（-5.1962）
环境规制	0.9567***（4.1099）	0.2886***（2.6132）	0.1583**（2.2478）
财政分权	0.3393***（6.1940）	0.3707***（5.3125）	0.2731（0.9608）
人均收入	-0.9494***（-4.9155）	-1.1561***（-5.5625）	-1.0895***（-5.3842）
人口密度	0.0447（0.3985）	0.0437（0.3922）	0.0187（0.1665）
失业率	0.2644（0.9173）	0.1719（0.5964）	0.1455（0.4991）
产业结构	-0.0732（-1.2799）	-1.0957***（-4.6219）	-0.9241***（-3.9815）
外商直接投资	-0.3391***（-2.7196）	-0.0579（-1.0139）	-0.0219（-0.3574）

指标	ER_1	ER_2	ER_3
腐败	−0.1849*** （−5.1137）	−0.3169** （−2.5540）	−0.3199** （−2.5727）
R^2	0.6326	0.6362	0.6410
观测量	667	667	667
莫兰指数	0.1569***	0.2531***	0.2447***

注：*、**、***分别表示在10%、5%、1%的水平下显著，括号内为标准误。

③其他控制变量的影响效应。第一，在地理邻接矩阵和经济距离矩阵下，人均收入的估计系数至少在5%的水平下显著为负，表现出一定的制约作用。可能的原因在于，经济发展水平越高的地区，地方政府官员在晋升竞争中胜出的概率越高，从而更加缺少增加环保支出的激励；且这一作用在经济距离相近的地区更明显，说明越是经济发展水平相近的地区，竞争可能越激烈。第二，人口密度、失业率与能源利用效率呈统计非显著的关系。第三，产业结构、外商直接投资和腐败对于能源利用效率的影响多数情况下显著为负，这可能是因为现阶段工业作为我国的主导产业，拥有更强的游说能力和议价能力，能够弱化政府的环境规制，从而降低能源利用效率。现阶段的外商直接投资更多的还是将中国作为"污染天堂"。腐败的估计结果也从侧面证实了良好的区域营商环境和政府治理对提升能源利用效率的显著影响。

（2）以能源消费总量为被解释变量的模型估计结果

①能源消费总量自身溢出的影响效应。如表4-3所示，在三类空间权重矩阵下，WEE_2的估计系数均在1%的水平下显著为负，说明地区间能源消费总量存在负向空间溢出效应。而且，经济距离的作用（−0.1983；−0.2005；−0.2033）高于0-1邻域（−0.0985；−0.1003；−0.1022）和地理距离（−0.1453；−0.1469；−0.1492）的作用，说明经济水平相近的地区更可能进行策略替代。

表 4-3 财政分权下环境规制对能源消费总量的影响

指标	ER_1	ER_2	ER_3
地理邻接矩阵			
WEE_2	-0.0985 *** (-3.6313)	-0.1003 *** (-3.7094)	-0.1022 *** (-3.7697)
环境规制	-0.1800 (-1.0757)	0.1676 ** (2.0927)	0.1049 ** (2.0476)
财政分权	0.0340 *** (4.1654)	0.0528 *** (5.2576)	-0.0080 *** (-3.0387)
人均收入	-0.0935 (-0.7521)	-0.2143 (-1.5667)	-0.1865 (-1.4111)
人口密度	-0.0126 (-0.1572)	-0.0140 (-0.1749)	-0.0300 (-0.3728)
失业率	-0.1162 (-0.5575)	-0.1696 (-0.8112)	-0.1930 (-0.9142)
产业结构	-0.0608 (-1.4711)	0.1018 (0.5964)	0.2043 (1.2212)
外商直接投资	-0.2410 *** (-2.6688)	-0.0519 (-1.2544)	-0.0271 (-0.6111)
腐败	-0.0985 *** (-3.6313)	-0.2282 ** (-2.5314)	-0.2298 ** (-2.5481)
R^2	0.1770	0.1781	0.1993
莫兰指数	0.1677 ***	0.1129 ***	0.5534 ***
地理距离矩阵			
WEE_2	-0.1453 *** (-4.7651)	-0.1469 *** (-4.8266)	-0.1492 *** (-4.9042)
环境规制	-0.0915 (-0.4810)	0.1498 *** (4.6431)	0.1228 ** (2.1149)
财政分权	0.0230 *** (4.0984)	0.0400 *** (3.1716)	-0.0267 *** (-4.1141)
人均收入	-0.0692 (-0.4905)	-0.1775 (-1.1414)	-0.1774 (-1.1851)
人口密度	-0.0014 (-0.0149)	-0.0027 (-0.0295)	-0.0215 (-0.2357)
失业率	-0.1138 (-0.4809)	-0.1613 (-0.6782)	-0.2043 (-0.8529)
产业结构	-0.0727 (-1.5471)	0.0220 (0.1130)	0.1196 (0.6297)
外商直接投资	-0.2857 *** (-2.7880)	-0.0647 (-1.3736)	-0.0332 (-0.6580)
腐败	-0.1453 *** (-4.7651)	-0.2742 *** (-2.6770)	-0.2721 *** (-2.6610)
R^2	0.1051	0.1114	0.1311
莫兰指数	0.1566 ***	0.2259 ***	0.1159 ***
经济距离矩阵			
WEE_2	-0.1983 *** (-5.4585)	-0.2005 *** (-5.5361)	-0.2033 *** (-5.6094)
环境规制	-0.1588 (-0.6964)	0.2143 ** (1.9711)	0.1550 ** (2.2345)
财政分权	0.1628 *** (3.5840)	0.1867 *** (4.6716)	0.1006 *** (3.3605)
人均收入	-0.1953 (-1.1524)	-0.3496 * (-1.8774)	-0.3330 * (-1.8523)

指标	ER_1	ER_2	ER_3
人口密度	-0.0080（-0.0730）	-0.0097（-0.0895）	-0.0341（-0.3111）
失业率	0.1459（0.5168）	0.0774（0.2730）	0.0313（0.1094）
产业结构	-0.0846（-1.5066）	0.0589（0.2531）	0.1955（0.8591）
外商直接投资	-0.3231***（-2.6380）	-0.0732（-1.3013）	-0.0346（-0.5745）
腐败	-0.1983***（-5.4585）	-0.3066**（-2.5070）	-0.3063**（-2.5071）
R^2	0.1568	0.1570	0.1750
观测量	667	667	667
莫兰指数	-0.2276***	0.6641***	0.6652***

注：*、**、***分别表示在10%、5%、1%的水平下显著，括号内为标准误。

②环境规制的影响效应。环境规制变量的估计系数呈现较大的差异，环境规制支出指标（ER_1）的估计系数均为负（-0.1800；-0.0915；-0.1588），但统计不显著。环境规制监管指标（ER_2）的估计系数（0.1676；0.1498；0.2143）和环境规制收益指标（ER_3）的估计系数（0.1049；0.1228；0.1550）均显著为正，即环境监管的增强会同时提高能源利用效率和能源消费总量。且就影响效应而言，经济距离的作用（-0.1588；0.2143；0.1550）远远高于0-1邻域（-0.1800；0.1676；0.1049）和地理距离（-0.0915；0.1498；0.1228）的作用，说明经济水平相近的地区更可能产生相互激励和竞争的效果。

③其他控制变量的影响效应。第一，外商直接投资[①]和腐败显著降低了能源消费总量，这可能意味着随着我国监管的日趋严格，外商直接投资和腐败虽然降低了能源利用效率，但近年来将中国作为"污染天堂"的外商直接投资日趋减少，腐败对节能绩效的负面影响也越来越小。第二，人均收入、人口密度、失业率和产业结构大多在10%的水平下不显著。

———————————

① 外商直接投资的作用只在以环境规制支出指标为解释变量时显著。

（3）以能源消费结构为被解释变量的模型估计结果

①能源消费结构自身溢出的影响效应。如表 4-4 所示，在地理邻接矩阵下，以环境规制监管指标为解释变量时，WEE_3 的系数显著为负，说明地区间能源消费结构存在着负向空间溢出效应。这说明，各个地区对于能源消费中的煤炭占比存在竞争向上的策略互动，这可能是受国家对煤炭消费的命令控制型环境规制的影响。

表 4-4　财政分权下环境规制对能源消费结构的影响

指标	ER_1	ER_2	ER_3
地理邻接矩阵			
WEE_3	-0.0006（-0.0325）	-0.0007***（-4.0357）	0.0000（-0.0004）
环境规制	-0.0183***（-4.2818）	-0.0013**（-2.0424）	0.0105**（2.5273）
财政分权	-0.0007***（-3.0082）	-0.0008***（-4.0103）	-0.0049***（-3.0607）
腐败	-0.0454（-0.9430）	-0.0444（-0.8350）	-0.0546（-1.0662）
人均收入	-0.0678**（-2.0977）	-0.0678**（-2.0980）	-0.0693**（-2.1372）
人口密度	-0.0210（-0.2578）	-0.0206（-0.2497）	-0.0293（-0.3529）
失业率	0.0067（0.4148）	0.0190（0.2841）	0.0203（0.3122）
产业结构	-0.0315（-0.9016）	0.0066（0.4079）	0.0101（0.5824）
外商直接投资	-0.0006（-0.0325）	-0.0316（-0.9022）	-0.0301（-0.8597）
R^2	0.1447	0.1452	0.1491
莫兰指数	0.2257***	0.0099***	0.2215***
地理距离矩阵			
WEE_3	-0.0253（-1.1129）	-0.0257（-1.1257）	-0.0266（-1.1691）
环境规制	-0.0371***（-1.4569）	-0.0082***（-3.2086）	-0.0219*（-1.8807）
财政分权	0.0855**（2.8553）	0.0844**（2.8439）	0.0944*（2.9407）
腐败	-0.0586（-0.9761）	-0.0526（-0.7935）	-0.0393（-0.6168）
人均收入	-0.0769*（-1.9190）	-0.0769*（-1.9208）	-0.0734*（-1.8250）
人口密度	0.0754（0.7417）	0.0782（0.7630）	0.0925（0.8946）
失业率	-0.0013（-0.0639）	0.0410（0.4922）	0.0331（0.4075）

续表

指标	ER_1	ER_2	ER_3
产业结构	0.0123（0.2841）	−0.0017（−0.0859）	−0.0084（−0.3900）
外商直接投资	−0.0253（−1.1129）	0.0117（0.2676）	0.0094（0.2154）
R^2	0.0603	0.0609	0.0487
莫兰指数	0.2264***	0.7693***	0.0517***
经济距离矩阵			
WEE_3	−0.0159（−0.5472）	−0.0170（−0.5851）	−0.0178（−0.6139）
环境规制	0.0237**（2.2293）	−0.0257**（−3.5158）	−0.0295*（−1.9306）
财政分权	0.0503*（1.3962）	0.0471***（4.3702）	0.0625***（4.4905）
腐败	−0.0712（−0.9326）	−0.0527（−0.6242）	−0.0449（−0.5518）
人均收入	−0.1333***（−2.5769）	−0.1335***（−2.5828）	−0.1277**（−2.4573）
人口密度	0.1595（1.2363）	0.1685（1.2944）	0.1824（1.3904）
失业率	−0.0127（−0.4983）	−0.0113（−0.1072）	−0.0286（−0.2771）
产业结构	0.0301（0.5440）	−0.0141（−0.5503）	−0.0224（−0.8149）
外商直接投资	−0.0159（−0.5472）	0.0279（0.5042）	0.0258（0.4655）
R^2	0.2755	0.1682	0.1557
观测量	667	667	667
莫兰指数	0.0106***	0.0478*	0.0474***

注：*、**、***分别代表在10%、5%、1%的水平下显著，括号内为标准误。

②环境规制的影响效应。环境规制的估计系数大多显著为负，说明在大部分情况下，环境规制的增强确实可以有效地降低能源消费中的煤炭占比。且就影响效应而言，地理距离的作用（−0.0371；−0.0082；−0.0219）高于0-1邻域（−0.0183；−0.0013；0.0105）和经济距离（0.0237；−0.0257；−0.0295）的作用，环境规制对煤炭消费占比的影响确实与地理距离有着重要关系。

③其他控制变量的影响效应。第一，人均收入的估计系数均显著为负。可能的原因在于，随着清洁能源的发展，经济水平越高的地区对

使用清洁能源表现出越高的意愿，从而使得煤炭消费占比降低。第二，腐败、人口密度、失业率、产业结构和外商直接投资对能源消费结构的影响不显著。

4.3 研究区域的划分与特征描述

考虑到传统地理区域划分的非针对性，本部分对研究区域重新进行划分，以凸显能源环境研究的针对性。

4.3.1 研究区域的划分

依据省域环境规制和节能绩效的统计测度结果，从双向维度，在已有的国家传统地理区域划分的基础上，进行研究区域的重新划分，并借鉴 Tapio 脱钩指数来反映我国节能绩效与经济增长之间的关系。依据脱钩指数的大小，将脱钩状态细分为绝对脱钩、相对脱钩、负脱钩三种状态。计算公式如下：

$$D_{EY} = \frac{\Delta E^{'}}{\Delta Y^{'}} = \frac{\Delta E/E}{\Delta Y/Y} \tag{4-2}$$

式中，D_{EY} 表示能源消费总量相对于 GDP 的弹性系数，即 GDP 每变化一个百分点所导致的能源消费总量的变化（弹性系数小于 0，表明处于绝对脱钩状态；弹性系数在 0 和 1 之间，表明处于相对脱钩状态；弹性系数大于 1，表明处于负脱钩状态）；$\Delta E'$、ΔE 和 E 分别为能源消费总量的变化率、变化量和初期值（万吨标准煤）；$\Delta Y'$、ΔY 和 Y 分别为 GDP 的增长率、增长量和初期值（亿元）。

进而可以将 29 个省份按照脱钩指数的大小进行划分，其中，绝对脱钩区域有 2 个、相对脱钩区域有 24 个、负脱钩区域有 3 个，详见表 4-5。

表 4-5 29 个省份的脱钩状态

脱钩状态	省份
绝对脱钩	山西（−5.4215）、福建（−1.0037）
相对脱钩	辽宁（0.1124）、吉林（0.1388）、重庆（0.1875）、北京（0.1963）、上海（0.3013）、天津（0.3021）、贵州（0.3144）、河南（0.3623）、四川（0.3823）、湖北（0.3967）、安徽（0.3983）、甘肃（0.4240）、浙江（0.4668）、云南（0.5337）、江苏（0.4643）、山东（0.4704）、湖南（0.5474）、青海（0.6718）、广东（0.5047）、黑龙江（0.6038）、陕西（0.6960）、海南（0.7024）、河北（0.6297）、广西（0.7094）
负脱钩	宁夏（1.0300）、江西（1.1564）、内蒙古（4.2870）

4.3.2 区域特征描述

近 20 年来，我国经济快速发展，特别是国内生产总值已跃居世界第二位，经济增长的同时，能源消费总量也呈现上升趋势，2003~2008 年全国煤炭生产量和消费量快速攀升，能源消费总量大幅增加，SO_2 排放量和去除率均大幅上升。2009 年，为应对 2008 年国际金融危机，我国推出十大产业振兴计划，制造业发展也因此提速，能源消费总量持续增加。"十三五"时期和"十四五"初期，受能源消耗总量和强度"双控"及 SO_2 排放强度约束，能源消费总量增长放缓，多地甚至出现了个别年份能源消费总量下降的现象，"喇叭口"现象日渐明显。

我国绝对脱钩区域有山西和福建两省，表明山西、福建两省的能源消费总量变化率与 GDP 增长率方向相反，这就意味着虽然经济在增长但能源消费总量并没有增加。山西省在过去相当长的时间内走的是粗放型增长道路，这使山西省的经济高速增长的同时，也带来了生态环境的严重污染。2006 年山西省颁布并实施《山西省重点工业污染源治理办法》，第一次确定各级人民政府是重点工业污染源治理的第一责任人，同时提出对重点工业污染企业进行限期治理，并实施追责制。此后山西省颁布了多项法律制度，特别是 2013 年，山西省出台了《山西省加快发展节能环保产业实施方案》，重点推进科技创新平台建设工程、节能重点技术装备和产品示范工程、环保重点技术装备和产品示范工程、节能与新能源汽车推广工程等 15 项工程。2006 年以来，山西省做出一系列努力，重点围绕解决煤炭开采、使用中的生态环境问题，坚持产业升级，实现节能减排。福建省多年来重点发展第三产业，第三产业增加值占地区生产总值的比重呈上升趋势，2020 年第三产业增加值占地区生产总值的比重已超过第二产业。第三产业的能源消耗强度相对第二产业较低。因此山西、福建两省出现了能源消费与经济发展的绝对脱钩。

全国绝大多数省份处于相对脱钩状态，宁夏、江西和内蒙古三地处于负脱钩状态。宁夏、江西和内蒙古处于我国中西部地区，经济欠发达，煤炭消费量占比较大，而可再生能源消费量占比相对较小。我国总体上大多数省份的能源消费总量变化率小于 GDP 增长率，说明我国能源消费与经济增长总体上呈现相对脱钩状态，这与我国近年来实施严格的环境规制、积极推动产业结构升级和大力发展可再生能源密切相关。

5 区域环境规制对节能绩效影响的异质性效应研究

本章从空间、时间两个方面，对环境规制对节能绩效影响的异质性效应进行研究，并对异质性效应的形成路径进行探索。

5.1 时空异质性效应分析

5.1.1 空间异质性效应

由于中国各个区域在经济、社会、文化等方面存在差异，知识和技术等在存量和空间溢出效应方面也有所不同，各个地方政府的竞争力及策略互动等也存在差异，在环境规制对节能绩效的影响方面就可能存在区域的空间异质性效应。因此，根据本书划分的研究区域，基于Tiebout理论，使用面板回归方法探究环境规制对节能绩效影响的空间异质性效应。同时，通过地理邻接、地理距离和经济距离矩阵，选取基于29个省、自治区和直辖市的面板数据，测算环境规制对节能绩效影响的空间关联性。

接下来本研究运用空间误差模型，从地理邻接、地理距离和经济距离三个方面考察环境规制对节能绩效的空间内溢和外溢效应等，分别对三个地区进行动态描述。模型估计结果如表5-1至表5-3所示。

（1）环境规制对能源利用效率的影响

对处于不同脱钩状态的区域进行空间异质性检验，结果如表 5-1 所示。

①能源利用效率自身方面。在绝对脱钩区域和相对脱钩区域，WEE_1 的估计系数全部在 1% 的水平下显著异于零，说明这两类地区能源利用效率的确存在策略互动行为，并且系数显著大于零，即能源利用效率策略互动行为增加会提升能源利用效率，有利于节能减排。对于绝对脱钩区域和相对脱钩区域的政府官员而言，如果"标杆竞争"中相同位置的竞争对手选择提高能源利用效率，那么，该地区政府官员的最优策略是模仿相同位置竞争对手的策略，从而形成一种每个地区都在提升能源利用效率的状态，进而达到整体能源利用效率提升的均衡状态。

②环境规制的影响。在相对脱钩区域，环境规制能显著提升能源利用效率，存在着明显的外溢效应。

表 5-1 财政分权下环境规制对能源利用效率的空间异质性影响

指标	ER_1	ER_2	ER_3
绝对脱钩区域			
WEE_1	0.1710 *** （0.0472）	0.1742 *** （0.0471）	0.1693 *** （0.0477）
环境规制	0.0484 （0.0431）	0.1497 ** （0.0627）	0.0277 （0.0561）
财政分权	−0.3534 ** （0.1696）	−0.4680 *** （0.1747）	−0.3471 ** （0.1771）
腐败	−0.1420 （0.0974）	−0.1460 ** （0.0094）	−0.1441 （0.0994）
人均收入	−0.2626 （0.1947）	−0.3330 * （0.1992）	−0.2904 （0.1978）
人口密度	0.2233 （0.3538）	0.2139 （0.3529）	0.2182 （0.3658）
失业率	−0.3192 （0.2102）	−0.3497 * （0.2132）	−0.3323 （0.2416）
产业结构	0.2025 （0.1815）	0.0609 （0.1810）	0.1489 （0.1178）
外商直接投资	−0.0511 （0.0401）	−0.0564 （0.0408）	−0.0487 （0.0242）
R^2	0.1225	0.1202	0.1269
观测量	46	46	46

续表

指标	ER_1	ER_2	ER_3
相对脱钩区域			
WEE_1	0.1345*** (0.0455)	0.1385*** (0.0451)	0.1399*** (0.0465)
环境规制	0.0159*** (0.0002)	0.1438** (0.0673)	0.0526*** (0.0001)
财政分权	−0.4342** (0.1735)	−0.5617*** (0.1831)	−0.4579*** (0.1771)
腐败	−0.1619* (0.0935)	−0.1634* (0.0947)	−0.1591* (0.0954)
人均收入	−0.3638* (0.2026)	−0.4150** (0.2057)	−0.3461* (0.2034)
人口密度	0.2450 (0.3637)	0.2340 (0.3688)	0.2421 (0.3696)
失业率	−0.3218 (0.2164)	−0.3456 (0.2124)	−0.3184 (0.2123)
产业结构	0.0287 (0.1813)	−0.0566 (0.1859)	0.0869 (0.1819)
外商直接投资	−0.0503 (0.0426)	−0.0548 (0.0420)	−0.0494 (0.0470)
R^2	0.1452	0.1009	0.1444
观测量	552	552	552
负脱钩区域			
WEE_1	−0.0034 (0.0189)	−0.0030 (0.0198)	−0.0034 (0.0198)
环境规制	0.0042 (0.0270)	−0.0073 (0.0373)	0.0042 (0.0207)
财政分权	0.0329 (0.0961)	0.0433 (0.0977)	0.0329 (0.0971)
腐败	−0.0265 (0.0478)	−0.0268 (0.0484)	−0.0265 (0.0448)
人均收入	−0.3872*** (0.1121)	−0.3799*** (0.1140)	−0.3872*** (0.1122)
人口密度	−0.4988** (0.2304)	−0.4906** (0.2319)	−0.4988** (0.2370)
失业率	0.0039 (0.1086)	0.0064 (0.1069)	0.0039 (0.1069)
产业结构	0.0407 (0.1102)	0.0388 (0.5099)	0.0407 (0.1020)
外商直接投资	0.0016 (0.0201)	0.0009 (0.0270)	0.0016 (0.0208)
R^2	0.1342	0.1345	0.1342
观测量	69	69	69

注：*、**、*** 分别代表在 10%、5% 和 1% 的水平下显著，括号内为标准误，下同。

③控制变量的影响。在绝对脱钩区域和相对脱钩区域，财政分权的估计系数至少在5%的水平下显著，且系数均为负，表明财政分权能够显著降低能源利用效率。值得注意的是，人均收入的估计系数均为负值，且在相对脱钩区域，系数至少在10%的水平下显著，说明人均收入的提高会降低能源利用效率，这意味着我国目前绝大多数地区还处于粗放型

经济增长阶段。人口密度、产业结构、外商直接投资的系数并不显著。

在负脱钩区域，WEE_1 的估计系数不显著，说明地区间能源利用效率不存在策略互动行为。环境规制、财政分权、腐败、失业率、产业结构和外商直接投资的系数均不显著。宁夏、江西和内蒙古三地处于中西部地区，可能在经济发展、产业结构和可再生能源的利用方面与绝对脱钩区域和相对脱钩区域存在差异。值得注意的是，人均收入和人口密度的系数至少在5%的水平下统计显著，且系数均为负，说明人均收入和人口密度的增加会降低能源利用效率，意味着当地政府在发展经济的同时可能没有加强环保技术研发，走的是粗放型经济增长道路。

（2）环境规制对能源消费总量的影响

①能源消费总量自身方面。如表 5-2 所示，WEE_2 的估计系数大多在 1% 的水平下显著异于零，说明这三类脱钩区域在能源消费总量方面的确存在策略互动行为，并且系数普遍大于零，即区域间能源消费总量策略互动行为会提升能源消费总量。进一步说明对于某一地区的政府官员而言，如果"标杆竞争"中相同位置的竞争对手选择提高能源消费总量，那么，该地区政府官员的最优策略是模仿相同位置竞争对手的策略，从而形成一种每个地区都在提升能源消费总量的状态。

②环境规制的影响效应。在三类脱钩区域，环境规制的系数大多显著为正，这表明环境规制存在着明显的外溢效应。

表 5-2　财政分权下环境规制对能源消费总量的空间异质性影响

指标	ER_1	ER_2	ER_3
绝对脱钩区域			
WEE_2	−0.1018 *** （−3.4639）	0.0430 （0.0294）	0.0588 ** （0.0275）
环境规制	−0.0280 （−0.6531）	0.0973 *** （0.0060）	0.0421 *** （0.0005）
财政分权	−0.2720 ** （−2.0586）	−0.3347 *** （0.1139）	−0.5706 *** （0.1454）
腐败	−0.2110 * （−1.7677）	−0.4467 *** （0.0966）	−0.2046 ** （0.1001）
人均收入	−0.0220 （−0.2945）	−0.1086 （0.0761）	−0.0721 （0.0735）
人口密度	−0.0451 （−0.5262）	0.0018 （0.0677）	0.0717 （0.0852）

续表

指标	ER_1	ER_2	ER_3
失业率	-0.2857（-1.1930）	-0.1075（0.2245）	-0.1159（0.2343）
产业结构	0.3045（1.5897）	-0.8161***（0.1802）	-0.6890***（0.1771）
外商直接投资	-0.0124（-0.2336）	-0.1188***（0.0343）	-0.0660（0.0457）
R^2	0.7367	0.7693	0.5537
观测量	46	46	46
相对脱钩区域			
WEE_2	0.1412***（0.0361）	0.1381***（0.0306）	0.1358***（0.0362）
环境规制	0.0491***（0.0004）	0.0444***（0.0002）	0.0482**（0.0168）
财政分权	-0.8249***（0.1671）	-0.7654***（0.1815）	-0.8776***（0.1942）
腐败	-0.2670**（0.1322）	-0.2779**（0.1331）	-0.2622**（0.1325）
人均收入	-0.0605（0.0972）	-0.0506（0.0962）	-0.0551（0.0961）
人口密度	0.1099（0.1138）	0.1085（0.1135）	0.1079（0.1103）
失业率	0.1471（0.3049）	0.1648（0.3087）	0.0921（0.3094）
产业结构	-0.7476***（0.2420）	-0.6703***（0.2411）	-0.6737***（0.2387）
外商直接投资	-0.1378**（0.0571）	-0.1315**（0.0572）	-0.1184**（0.0592）
R^2	0.5696	0.5645	0.5587
观测量	552	552	552
负脱钩区域			
WEE_2	0.1099***（0.0302）	0.1095***（0.0310）	0.1066***（0.0309）
环境规制	-0.0107**（0.0045）	0.0223***（0.0068）	0.0762**（0.0356）
财政分权	-0.4636***（0.1321）	-0.4382***（0.1464）	-0.5776***（0.1573）
腐败	-0.2659**（0.1104）	-0.2716**（0.1111）	-0.2590**（0.1102）
人均收入	-0.0888（0.0813）	-0.0862（0.0802）	-0.0909（0.0802）
人口密度	0.1028（0.0943）	0.1014（0.0954）	0.0948（0.0948）
失业率	-0.1087（0.2542）	-0.0966（0.2586）	-0.1801（0.2586）
产业结构	-0.9132***（0.1997）	-0.8893***（0.1597）	-0.8601***（0.1956）
外商直接投资	-0.0801*（0.0486）	-0.0789*（0.0457）	-0.0592（0.0493）
R^2	0.4189	0.4210	0.4127
观测量	69	69	69

③控制变量的影响效应。财政分权至少在5%的水平下显著，且系

数均为负，表明财政分权显著降低能源消费总量。在我国目前的政绩考核体系下，地方财政分权程度越高，地方政府增加生产性支出的动力越弱，越有可能降低地区能源消费总量。腐败的系数至少在10%的水平下显著，且系数均为负，表明腐败显著降低能源消费总量。外商直接投资的系数均为负，在相对脱钩区域，外商直接投资的增长能显著降低地区能源消费总量。外商直接投资能通过人员流动、科研支持和经验共享等多元化渠道对东道国技术进步产生积极影响，从而有效降低能源消费总量。一般而言，外商直接投资是促进我国能源消费总量增加的重要力量，但从本研究的实证研究数据来看，外商直接投资会降低能源消费总量。从理论上讲，严格的环境规制将阻止发达国家污染密集型产业的进入，避免我国成为发达国家的"污染避难所"。然而，对于已经进入中国的外资企业而言，则要求其重视环保技术，提高生产率，实现产业升级，提升外商直接投资的技术溢出效应，同时也说明我国在吸纳外商直接投资时，更加倾向于选择低能耗、高技术企业。总体上，产业结构与能源消费总量负相关。

值得注意的是，人均收入的系数虽不显著，但都是负向的，说明人均收入的提高能降低能源消费总量，但目前这种作用还没有真正发挥出来。

（3）环境规制对能源消费结构的影响

①能源消费结构自身方面。在绝对脱钩和相对脱钩区域，WEE_3 的估计系数至少在10%的水平下显著异于零，说明这两类地区能源消费结构存在策略互动行为。

②环境规制的影响效应。环境规制的系数普遍不显著，说明环境规制不能显著影响能源消费结构。

表 5-3　财政分权下环境规制对能源消费结构的空间异质性影响

指标	ER_1	ER_2	ER_3
绝对脱钩区域			
WEE_3	-0.1462*** （-3.0802）	-0.1454*** （-3.0632）	-0.1491*** （-3.1047）
环境规制	0.0172 （0.5257）	0.0193 （0.5025）	-0.0031 （-0.0947）

指标	ER_1	ER_2	ER_3
财政分权	0.0113（0.2719）	-0.1813*（-1.7678）	-0.1895*（-1.8506）
腐败	-0.1826*（-1.7810）	-0.0781（-1.4286）	-0.0664（-1.3676）
人均收入	-0.0685（-1.1900）	-0.0425（-0.3258）	-0.0343（-0.2669）
人口密度	-0.0299（-0.2251）	0.0117（0.4080）	0.0141（0.4864）
失业率	0.0123（0.4284）	-0.1595（-1.5904）	-0.1640（-1.6423）
产业结构	-0.1625（-1.6184）	0.0578（0.5299）	0.0817（0.8634）
外商直接投资	0.0842（0.7016）	-0.1454***（-3.0632）	-0.1491***（-3.1047）
R^2	0.1066	0.1066	0.1075
观测量	46	46	46
相对脱钩区域			
WEE_3	0.1142*（1.9230）	0.1203**（2.1008）	0.1136*（1.9205）
环境规制	0.0634（1.5566）	-0.1353**（-2.5438）	-0.0507（-1.0862）
财政分权	-0.2645*（-1.8330）	-0.2691*（-1.9273）	-0.2561*（-1.7695）
腐败	-0.7131***（-7.7263）	-0.6737***（-7.6544）	-0.7060***（-7.5045）
人均收入	-1.0989***（-5.2956）	-1.0967***（-5.5065）	-1.1275***（-5.4011）
人口密度	-0.0660（-1.1013）	-0.0363（-0.6765）	-0.0613（-0.9911）
失业率	-0.0753（-0.4499）	-0.0614（-0.4045）	-0.0718（-0.4234）
产业结构	-1.1345***（-6.4080）	-0.9788***（-5.1608）	-1.2111***（-7.0408）
外商直接投资	0.1142*（1.9230）	0.1203**（2.1008）	0.1136*（1.9205）
R^2	0.9712	0.9752	0.9695
观测量	552	552	552
负脱钩区域			
WEE_3	-0.0094（-0.3162）	-0.0154（-0.5115）	-0.0172（-0.5698）
环境规制	0.0028（0.2309）	0.0024（0.1580）	0.0097（0.7409）
财政分权	-0.0322（-0.7788）	-0.0316（-0.7619）	-0.0300（-0.7254）
腐败	-0.0101（-0.5148）	-0.0124（-0.5691）	-0.0112（-0.5803）
人均收入	-0.0316（-0.5894）	-0.0388（-0.7148）	-0.0371（-0.6942）
人口密度	-0.0008（-0.0672）	-0.0008（-0.0733）	-0.0024（-0.2041）

指标	ER_1	ER_2	ER_3
失业率	-0.0426（-1.0770）	-0.0434（-1.0924）	-0.0451（-1.1424）
产业结构	0.0376（0.9783）	0.0319（0.7411）	0.0392（1.0528）
外商直接投资	-0.0094（-0.3162）	-0.0154（-0.5115）	-0.0172（-0.5698）
R^2	0.0892	0.0763	0.0747
观测量	69	69	69

③控制变量的影响效应。财政分权的系数普遍为负，在相对脱钩区域，财政分权在10%的水平下显著降低煤炭消费量占能源消费总量的比重，说明中国式分权体制并没有促使地方政府为了经济增长而竞争，各地方政府根据自身实际，加紧落实国家环境规制，降低煤炭消费量占能源消费总量的比重。在相对脱钩区域，人均收入的系数在1%的水平下显著异于零，且系数均为负，说明人均收入增加能显著降低煤炭消费量占能源消费总量的比重。外商直接投资显著提高了地区煤炭消费量占能源消费总量的比重，这可能是因为外商直接投资主要用于污染密集型产业，而污染密集型产业隐含大量煤炭消费，必然会增加煤炭消费量占能源消费总量的比重。

总之，中国式分权下，环境规制会有效提高节能绩效，且空间异质性明显。值得关注的是：授权不足或者分权过度均会造成地方财政支出的结构性扭曲，不利于提升地区节能绩效；应打破唯GDP导向的政绩考核机制，加强对地方政府节能绩效考核，建立起低碳和生态可持续发展的地方经济增长激励相容机制，引导地方政府财政支出由生产主导型向服务主导型转变；地方政府需要加大产业结构优化调整力度；地方政府要适度、合理引进FDI，优化对外经济开放政策和措施，使民众更好地共享科技进步和社会经济发展成果，尤其是在负脱钩区域，限制外资过度进入高耗能产业，降低能源消耗强度，还需要调整对外贸易的产品结构，尽量减少能源消耗高的产品出口，同时，充分利用国外先进技术，并进口先进设备，提高我国的节能绩效，助力早日实现碳达峰碳中和目标。

5.1.2 时间异质性效应

从理论和直觉上分析，随着环境规制的持续实施，政府管理水平、公民节能环保意识等将不断提高，环境规制对节能绩效的影响效应会随着时间的推移而不断增强。但在中国，在"倒逼机制"和"绿色悖论"的博弈下，这一时间效应是否存在？如果存在，效应是不断加强、减弱或者不确定，还是呈现非线性特征？

政绩考核机制的变化能够影响地方政府官员的行为选择，具有"指挥棒"的作用。由于 2006 年中央政府首次将能源强度降低和主要污染物排放总量减少作为"约束性指标"，逐步弱化政绩考核中的 GDP 权重，具有里程碑意义，所以本研究遵循李胜兰等（2014）和张可等（2016）的思路，将全样本期以 2006 年为界分为两个阶段，即 2000~2006 年和 2007~2022 年，旨在考察将节能绩效等指标纳入政府绩效考核体系前后环境规制对节能绩效（以能源利用效率为替代指标）影响的时间异质性。模型回归结果如表 5-4 和表 5-5 所示。

表 5-4　2000~2006 年环境规制对能源利用效率的影响

指标	ER_1	ER_2	ER_3
地理邻接矩阵			
WEE_1	−0.2312 *** （−5.1157）	−0.2256 *** （−5.0387）	−0.2292 *** （−5.0582）
环境规制	0.5329 * （2.2029）	0.2286 ** （3.6413）	0.0475 * （2.4515）
财政分权	−0.5192 *** （−5.2592）	−0.5266 * （−3.2910）	−0.5024 ** （−4.2156）
人均收入	−0.4578 （−1.6086）	−0.6360 ** （−2.1056）	−0.4540 （−1.5971）
人口密度	1.5463 （0.3881）	0.9306 （0.2350）	2.0758 （0.5007）
失业率	0.2517 （0.8410）	0.3168 （1.0600）	0.2501 （0.8369）
产业结构	−0.0249 （−0.3031）	−0.6396 （−1.4435）	−0.5810 （−1.2769）
外商直接投资	−0.3273 * （−1.7581）	−0.0466 （−0.5665）	−0.0271 （−0.3300）
腐败	−0.2312 *** （−5.1157）	−0.3724 ** （−2.0000）	−0.3371 * （−1.8014）
R^2	0.4519	0.4316	0.4435

续表

指标	ER_1	ER_2	ER_3
	地理距离矩阵		
WEE_1	-0.3127*** (-6.4293)	-0.3107*** (-6.4061)	-0.2267*** (-4.8959)
环境规制	-0.8564* (-1.7204)	0.1462 (0.9340)	0.0264 (0.2475)
财政分权	-0.8484* (-1.8476)	-0.8577* (-1.8734)	-0.6760 (-1.6191)
人均收入	0.3916 (1.2415)	0.2711 (0.7979)	0.1628 (0.5702)
人口密度	-5.7021 (-1.2928)	-6.1786 (-1.3959)	-1.3147 (-0.3165)
失业率	0.6755** (2.0305)	0.7214** (2.1519)	0.2447 (0.8144)
产业结构	-0.0305 (-0.3319)	0.7879 (1.5707)	0.7531 (1.6291)
外商直接投资	-0.2999 (-1.4386)	-0.0439 (-0.4740)	-0.0031 (-0.0374)
腐败	-0.3127*** (-6.4293)	-0.3283 (-1.5631)	-0.2077 (-1.0963)
R^2	0.1061	0.0967	0.1872
	经济距离矩阵		
WEE_1	-0.0206 (-1.0002)	-0.0189 (-0.9024)	-0.0212** (-3.0322)
环境规制	-0.3593* (-1.6649)	0.0342* (2.4954)	0.0620* (2.2159)
财政分权	-0.1125*** (-5.5463)	-0.1111*** (-4.5398)	-0.1331*** (-4.6459)
人均收入	0.0746 (0.5305)	0.0438 (0.2850)	0.0738 (0.5263)
人口密度	-3.2636* (-1.6722)	-3.3482* (-1.7097)	-3.9360* (-1.9436)
失业率	0.4043*** (2.7415)	0.4139*** (2.7829)	0.4076*** (2.7676)
产业结构	-0.0380 (-0.9541)	0.3423 (1.5670)	0.4240* (1.9112)
外商直接投资	-0.0143 (-0.1553)	-0.0413 (-1.0230)	-0.0356 (-0.8947)
腐败	-0.0206 (-1.0002)	-0.0195 (-0.2098)	-0.0018 (-0.0190)
R^2	0.3513	0.3457	0.4188
观测量	20=3	203	203

表 5-5　2007~2022 年环境规制对能源利用效率的影响

指标	ER_1	ER_2	ER_3
	地理邻接矩阵		
WEE_1	-0.4402*** (-6.3051)	-0.4436*** (-6.4258)	-0.4477*** (-6.4576)
环境规制	0.8022** (2.0718)	0.2961** (2.3053)	-0.1972** (-2.0087)
财政分权	-0.2803 (-0.5971)	-0.1875 (-0.4038)	-0.2465 (-0.5322)
人均收入	-1.0172*** (-3.0903)	-1.1365*** (-3.3648)	-0.9261*** (-2.7941)

续表

指标	ER_1	ER_2	ER_3
人口密度	2.0599（0.4719）	1.1314（0.2600）	3.3397（0.7692）
失业率	-0.0578（-0.2014）	0.0850（0.2965）	-0.0792（-0.2815）
产业结构	-0.0288（-0.3923）	-0.9900**（-2.5523）	-0.9770**（-2.5049）
外商直接投资	-0.0688（-0.4088）	-0.0572（-0.7882）	-0.0282（-0.3917）
腐败	-0.4402***（-6.3051）	-0.1263（-0.7547）	-0.0943（-0.5675）
R^2	0.4527	0.4221	0.1435
地理距离矩阵			
WEE_1	-0.4263***（-6.1151）	-0.4294***（-6.2373）	-0.4270***（-6.1603）
环境规制	-0.4039（-1.0470）	0.2933**（2.2714）	-0.1576（-1.5885）
财政分权	-0.4467（-0.9487）	-0.3604（-0.7743）	-0.4248（-0.9103）
人均收入	0.4256（1.2994）	0.3078（0.9180）	0.5007（1.5141）
人口密度	3.8706（0.8820）	2.9354（0.6712）	4.8920（1.1151）
失业率	-0.1069（-0.3715）	0.0365（0.1266）	-0.1230（-0.4328）
产业结构	-0.0321（-0.4352）	0.2223（0.5759）	0.2703（0.6932）
外商直接投资	-0.0964（-0.5697）	-0.0602（-0.8236）	-0.0317（-0.4360）
腐败	-0.4263***（-6.1151）	-0.1530（-0.9101）	-0.1174（-0.6992）
R^2	0.1595	0.1281	0.1436
经济距离矩阵			
WEE_1	-0.0500（-1.6096）	-0.0496（-1.5966）	-0.0518*（-1.6640）
环境规制	-0.2361（-1.1953）	0.0147（0.2213）	0.0361（0.7177）
财政分权	-0.1210（-0.4930）	-0.1166（-0.4732）	-0.1241（-0.5060）
人均收入	-0.0644（-0.3603）	-0.0704（-0.3893）	-0.0763（-0.4257）
人口密度	-2.8027（-1.2309）	-2.8556（-1.2470）	-2.9739（-1.2999）
失业率	0.2116（1.4562）	0.2193（1.4677）	0.2136（1.4715）
产业结构	-0.0286（-0.7685）	0.2270（1.1253）	0.2643（1.3136）
外商直接投资	0.0441（0.5053）	-0.0299（-0.7946）	-0.0292（-0.7868）
腐败	-0.0500（-1.6096）	0.0410（0.4640）	0.0481（0.5508）
R^2	0.1794	0.1798	0.1873
观测量	464	464	464

由表 5-4 和表 5-5 可知，能源利用效率（WEE_1）自身的影响效应

在三类空间权重矩阵下均为负。这表明，各地区能源利用效率行为存在差异化策略，也称为"策略替代"，即地区间不存在策略模仿行为，各地区均以自身的环境发展现状为基础，独立制定环境规制，随着时间的推移，环境规制的独立性也在增强。后一阶段（2007～2022年）的估计系数的绝对值有所增大。

通过对两个时段的比较可以发现，就环境规制支出而言，在地理邻接矩阵下，ER_1 的估计系数由 0.5329 上升至 0.8022，并至少在 10% 的水平下显著。两个时段相邻地区间环境规制支出均存在策略模仿行为，但后一阶段的模仿特征明显增强。在地理距离矩阵和经济距离矩阵下，ER_1 的估计系数分别由 -0.8564 和 -0.3593 上升到 -0.4039 和 -0.2361，且由显著变为不显著。这说明，地方政府在环境规制支出方面存在策略替代行为，但这种行为正在逐渐消失。

就环境规制监管而言，在地理邻接矩阵下，ER_2 的估计系数由 0.2286 上升为 0.2961，并在 5% 的水平下显著，意味着相邻地区间环境规制监管的模仿特征在加强。在地理距离矩阵和经济距离矩阵下，ER_2 的估计系数分别由 0.1462、0.0342 变为 0.2933、0.0147，且显著性发生了改变。

就环境规制收益而言，ER_3 的估计系数分别由 0.0475、0.0264、0.0620 变为 -0.1972、-0.1576、0.0361，系数符号有所改变，经济距离矩阵下的估计系数也由显著变为不显著。总而言之，2006 年后，地区间环境规制相互模仿的策略互动行为显著减少，表现为"策略互补"向"策略替代"转变。地区间模仿行为的减少、消失，甚至多个地区根据本地环保需求，自主执行环境规制，意味各地区高度重视环境保护，且中央政府制定的一系列环境规制能深入贯彻到各地区，有利于逐渐改变部分地方政府官员"唯 GDP"的政绩观，推动可持续发展。

5.2 异质性效应形成路径研究

毋庸置疑，节能行为的外部性特征使市场机制失灵，需要环境规制的矫正和补位；然而，环境规制对节能绩效影响的异质性效应的形成路径还需要进一步探索。

5.2.1 路径设计探索

本节以产业结构、技术进步、FDI 作为中介变量，具体讨论环境规制影响节能绩效的路径。

（1）路径设计的初步探索

①产业结构。

严厉的环境规制将显著抑制污染密集型产业的增长，推动产业结构高级化，有利于促进能源消费总量的减少和能源利用效率的提高（干春晖等，2011）。主要途径有两种：一种是倒逼机制，切实优化产业结构；另一种是产业区际转移，即严厉的环境规制使污染密集型产业承担高昂的"遵循成本"，根据"污染天堂"假说，高耗能、污染密集型产业可能转移到环境规制不严厉的"污染天堂"。

②技术进步（技术创新和技术扩散两个方面）。

对于技术创新，环境规制的影响既有正向的补偿效应，也有负向的挤出效应，进而间接影响节能绩效。一方面，环境规制的实施会提高企业的节能成本，因而挤出企业的研发投入资金，降低企业的生产效率，不利于技术创新；另一方面，合适的环境规制能产生"创新补偿"效果，促进技术进步，从而不仅能弥补企业的"遵循成本"，还能提高企业的生产率和竞争力，有利于提高节能绩效。张华（2016）指出，环境规制与技术创新之间的关系可归纳为三种争论：一是以新古典经济学理论为基础的传统学派，提倡"制约论"；二是以波特为代表的修正学派，主张"促进论"；三是环境规制对技术创新影响的"不确定论"。更多的学者也探讨了两者间的非线性关系。对于技术扩散，在环境规制下，企业更倾向于强化已有的技术，即存在一定程度的路径依赖。这需要依据中国的情况进一步验证。

③FDI。

环境规制会影响 FDI 的技术溢出效应、吸收能力和资本积累效应。FDI 对节能绩效的影响也存在正向的"污染光环"效应和负向的"污染避难所"效应。前者认为拥有先进技术的外资企业可以向东道国传播更为绿色清洁的生产技术，提升能源利用效率；后者认为发达国家企业面临苛刻的环境规制时，往往会将高能耗的污染密集型产业转移到发展中国家，进而降低东道国的节能绩效。具体形成路径如图 5-1 所示。

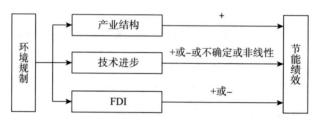

图 5-1　环境规制对节能绩效影响异质性效应的形成路径

（2）环境规制对节能绩效的影响路径初步验证

在环境规制对节能绩效的众多影响路径中，通过前文文献研究，初步确立了产业结构、FDI 和技术进步三条主要路径。但是因为少有学者将三个主要影响因素在同一研究中讨论，为了保证路径选择的合理性，本章进一步采用定量分析方法进行验证，并从数理逻辑层面，确定三条路径的进入顺序。

①研究方法选择。

大量研究认为，技术进步、产业结构和 FDI 是影响中国节能绩效的主导因素。但是这些因素是通过怎样的路径作用于节能绩效的呢？为了探究这一问题，现有研究大多采用经验分析与构建回归模型相结合的方法。但是从统计理论上看，使用传统的、建立多变量模型的方法来研究影响路径，不可避免地会出现一个问题，即迫使研究者对多个自变量之间的相互作用和重要程度做出一个先验假设，当遇到相互作用关系复杂的变量时，难以避免会产生误判的情况。

因此，本章的多变量模型需要满足的条件为：第一，在不进行经验假设的前提下，保留与节能绩效相关的变量，而不管该变量与节能绩效欧式距离或理论距离的远近；第二，删除与节能绩效无关的变量，探索与节能绩效有关的不同影响因素的重要程度和它们之间的相互作用。

决策树方法常用于评估多个对被解释变量产生影响的解释变量，在此基础上形成先验假设，从而得到更高的预测准确率。决策树是一个由决策规则组成的层次模型，该决策规则递归地将独立变量划分为均匀区域。常见的决策树算法包括 CHAID（Chi-Squared Automatic Interaction Detector）、CART（Classification and Regression Tree）和 QUEST。这类技术根据结果的最佳预测因素对样本进行划分，通过停止规则的指导和剪枝，最后建立起合理的决策树模型，形成一条或多条决策树路径。

因此，本章使用决策树方法来评估异质性效应的形成路径。因为本研究使用的变量较少，所以为了尽可能多地保留已有变量，选取停止规则最为宽松的 CHAID 算法对我国环境规制对节能绩效的影响路径的顺序进行研究。

CHAID 要求各解释变量均为分类变量或等级变量，反应变量可以为分类变量或等级变量，也可以为离散性变量或连续性变量。当反应变量为分类变量时，CHAID 按式（5-1）计算反应变量和解释变量并形成二维分类表的 Pearsonχ^2 统计量；当反应变量为等级变量时，CHAID 按式（5-2）计算似然比 χ^2 统计量。

$$\chi^2 = \sum_{i=1}^{k} \frac{(A_i - T_i)^2}{T_i}, v = k-1-(\text{计算 } T_i \text{ 时利用样本资料估计的参数个数})$$

（5-1）

$$\chi^2 = 2\sum_{i=1}^{k} A_i \cdot \ln\left(\frac{A_i}{T_i}\right), v = k-1-(\text{计算 } T_i \text{ 时利用样本资料估计的参数个数})$$

（5-2）

②路径的顺序验证。

从统计模型角度来说，在使用决策树方法时，决策树的高度越高或问题集合（即本研究的节能绩效数据集合）数目越多，便会产生越多的子节点，导致每个节点的训练数据越少，参数估计的精度降低；从经济模型的角度来说，我国多数省份的节能绩效都会随着时间推移而提高，而 CHAID 并不能识别面板数据，所以时间效应可能会影响计算结果，进而发生偏误。因此，根据节能绩效（root）数据的绝对值，按照由高至低的规则将数据分为 15 组（每两个相邻省份为一组，最后一个省份单列一组），形成 15 个虚拟变量作为问题集合。同时为了降低决策树高度，对于产业结构、技术进步这种有两个二级变量的一级变量，本研究将使用交乘项作为一级变量的指标值。即，使用产业高级化与产业合理化的交乘项作为产业结构（ind）变量，使用技术创新（专利批准数）和技术扩散（全要素生产率）的交乘项作为技术进步（inv）变量进行考察。在将分类模型训练完毕后，对分类模型进行测试，得到的决策树如图 5-2 所示。

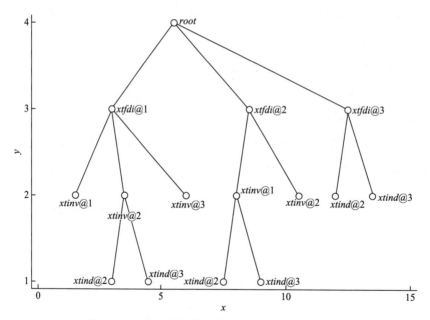

图 5-2　环境规制与节能绩效之间影响因素的路径

由图 5-2 可见，产业结构、技术进步、FDI 都对节能绩效有重要的影响，形成了影响节能绩效的两条主要路径，即"环境规制—产业结构—技术进步—FDI—节能绩效"和"环境规制—技术进步—FDI—节能绩效"。重要程度具体如表5-6所示。

表5-6 决策树子节点重要程度

路径变量	产业结构	FDI	技术进步
排序	3	1	2

由表5-6可见，FDI是优先级别最高的一个影响因素，技术进步和产业结构分别居于第二位和第三位。所以，从决策形成的角度来看，路径的进入顺序依次为产业结构、技术进步和FDI，具体如图5-3所示。

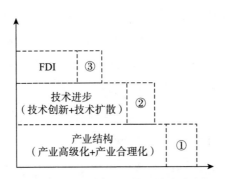

图5-3 环境规制影响节能绩效的路径

（3）路径探索的政策影响设定

基于逻辑模型角度，可能会出现"环境规制—产业结构—技术进步—FDI—节能绩效"（路径一）或"环境规制—技术进步—FDI—节能绩效"（路径二）这两条路径，且所有路径均为前进，没有后退情况的存在。因此，可以认为在这一过程中，环境规制可能产生6种政策影响。

①自发改进/策略让步。

现阶段我国环境规制还是以政府为主导，在此情况下，节能绩效作为重要的考察指标，其完成情况与官员的政绩考核有着密切关系，地方政府为了得到更好的政绩考核结果而进行节能方面的努力。根据上一章的分析结果，其他地区的节能绩效也会对本地区产生影响，在此情况下，地方政府可能通过优化产业结构或推动技术进步，达到更好的节能绩效。这方面的努力可能直接作用于产业结构或技术进步，我们将这种正向效果称为自发改进。但是因为现阶段政绩考核主要依赖各类环境指标，这就意味着地方政府在节能目标的落实过程中可能存在着范围和程度的差异，因此在部分省份以结果为导向的政策引导下，可能导致"环境规制—节能绩效"长链上的部分指标反而受到负向影响，我们将这种负向效果称为策略让步。

②前向促进/前向抑制。

在政策执行过程中，不同地区的经济、文化等基础不同，地方政府的执行方法和政策理解不同，都可能造成不同的政策结果，因此，在环境规制执行过程中，可能出现不同的效果。政府在实际的政策实施过程中，经济效益难免受损，而各地区对于经济损失的宽容度差异很大，导致不同政府的执行动机也大有不同。在本研究中，将相关变量对节能绩效的促进作用称作前向促进；将抑制作用称作前向抑制。

③协同促进/协同抑制。

因为技术创新和产业结构等因素产生效果需要多个维度的共同作用，以达到更好或者更均衡的状态，所以将影响因素的协同作用进行分类，若影响因素的交乘项为推动作用，则称为协同促进；反之，为协同抑制。

5.2.2 实证研究

（1）主变量选择

变量选择与上一章基本相同，只是将产业结构、技术进步和FDI作为路径变量，具体描述如下。

①产业结构（ind）。

从动态角度看，一个经济体的产业结构变化有两个维度，即产业合理化（ind_1）和产业高级化（ind_2）。具体地，产业合理化使用泰尔指数的倒数进行度量，泰尔指数的计算公式如下：

$$ind_1 = \sum_{i=1}^{3} \left(\frac{Y_i}{Y} \right) \ln\left(\frac{Y_i}{L_i} \Big/ \frac{Y}{L} \right)$$

其中，Y 表示产值，L 表示就业，$i = 1$，2，3 分别表示第一产业、第二产业和第三产业，Y/L 即生产率，因此，当经济均衡时，$Y_i/L_i = Y/L$，从而泰尔指数为 0。泰尔指数数值越大，说明产业越偏离均衡状态，产业结构越不合理，但是这不便于观察，所以本研究使用泰尔指数的倒数进行测度。

产业高级化表示的是"经济服务化"的程度，因此大部分文章将其表示为第三产业产值与第二产业产值之比，但是因为本研究的自变量中 ER_1 涉及第二产业增加值，所以为了避免出现误差，本研究使用第三产业产值与 GDP 的比值进行计算，即：

$$ind_2 = Y_3/GDP$$

②技术进步（inv）。

从动态角度来看，技术进步可以分为技术创新和技术扩散两个维度。具体地，技术创新（inv_1）使用专利申请授权数进行度量；技术扩散（inv_2）使用各省份全要素生产率进行度量。

③FDI。

FDI 为各个省份每一年的外商直接投资额。

（2）产业结构作用路径研究

在环境规制对节能绩效异质性效应的形成过程中，产业结构的促进作用基本得到一致认同，但作用力度、不同异质性效应的作用方向等问题还需进一步研究。故利用中国省级面板数据，实证检验在中国式分权下通过"产业结构"路径，区域节能绩效异质性效应的形成机理。拟以节能绩效为被解释变量，以环境规制为核心解释变量，将产业结构作为环境规制与节能绩效之间的中介变量进行讨论，即"环境规制—产业结构—节能绩效"，模型为：

$$\begin{cases} ind_{it} = \alpha + \beta\ ER_{it} + \gamma_1 fd_{it} + \gamma_2 Corr_{it} + \gamma_3 X_{it} + \eta_t + \mu_i + \varepsilon_{it} \\ EE_{it} = \alpha + \beta\ ind_{it} + \gamma_1 fd_{it} + \gamma_2 Corr_{it} + \gamma_3 X_{it} + \eta_t + \mu_i + \varepsilon_{it} \\ EE_{it} = \alpha + \beta\ ER_{it} + \gamma_1 fd_{it} + \gamma_2 Corr_{it} + \gamma_3 X_{it} + \eta_t + \mu_i + \varepsilon_{it} \end{cases} \quad (5-3)$$

其中，EE_{it} 表示第 t 年 i 地区的节能绩效，ER_{it} 表示第 t 年 i 地区的环境规制，fd_{it} 表示第 t 年 i 地区的财政分权，$Corr_{it}$ 表示第 t 年 i 地区的贪污腐败程度，X_{it} 表示第 t 年 i 地区的控制变量，ind_{it} 表示第 t 年 i 地区的产业结构，η_t 表示时间效应，μ_i 表示地区效应，ε_{it} 表示随机误差项。

利用上述模型进行计算，环境规制对产业结构影响的基准回归结果如表 5-7 所示。

表 5-7　环境规制对产业结构的影响

指标	（1）	（2）	（3）
合理化			
ER_1	0.0519* （-1.7512）		
ER_2		-0.1192*** （3.2396）	
ER_3			0.1187*** （-5.7809）
腐败	0.0720* （1.6679）	0.0577 （1.3521）	0.0718* （1.7236）
财政分权	0.1105 （1.1282）	0.0788 （0.8060）	0.1230 （1.2972）
人均收入	0.8096*** （6.9942）	0.8252*** （7.4626）	0.8960*** （8.3506）
人口密度	0.4146 （1.4240）	0.3336 （1.1504）	0.7359** （2.5581）
失业率	-0.0352 （-0.3842）	-0.0478 （-0.5266）	0.0182 （0.2037）
R^2	0.7367	0.6936	0.6940
时间效应	控制	控制	控制
地区效应	控制	控制	控制
指标	（4）	（5）	（6）
高级化			
ER_1	0.0939*** （11.1999）		
ER_2		0.0070 （0.5916）	
ER_3			-0.0014 （-0.2056）

续表

指标	（4）	（5）	（6）
腐败	0.0254 ** （2.0782）	0.0385 *** （2.8152）	0.0390 *** （2.8518）
财政分权	−0.1000 *** （−3.6086）	−0.1163 *** （−3.7035）	−0.1139 *** （−3.6552）
人均收入	−0.0590 * （−1.8015）	−0.1701 *** （−4.7920）	−0.1672 *** （−4.7406）
人口密度	−0.0481 （−0.5837）	−0.0519 （−0.5575）	−0.0434 （−0.4591）
失业率	0.0169 （0.6515）	0.0306 （1.0484）	0.0316 （1.0749）
R^2	0.7609	0.6973	0.6971
时间效应	控制	控制	控制
地区效应	控制	控制	控制
指标	（7）	（8）	（9）
合理化×高级化			
ER_1	0.3071 *** （−2.6499）		
ER_2		−0.4427 *** （3.0585）	
ER_3			0.4799 *** （−5.9624）
腐败	0.3395 ** （2.0116）	0.2699 （1.6091）	0.3247 ** （1.9891）
财政分权	0.9437 ** （2.4634）	0.8433 ** （2.1917）	1.0089 *** （2.7138）
人均收入	3.1893 *** （7.0427）	3.3793 *** （7.7700）	3.6509 *** （8.6798）
人口密度	1.1574 （1.0161）	0.8554 （0.7500）	2.4557 ** （2.1774）
失业率	−0.1271 （−0.3546）	−0.1910 （−0.5347）	0.0743 （0.2122）
R^2	0.7707	0.7299	0.7324
时间效应	控制	控制	控制
地区效应	控制	控制	控制
观测值	667	667	667

　　由表5-7可知，列（1）至列（3）、列（4）至列（6）、列（7）至列（9）分别检验了环境规制对产业合理化、产业高级化，以及产业高级化和合理化协同作用的影响。回归结果表明，环境规制支出变量对产业高级化和产业合理化都是前向促进作用，且系数至少在10%的水平下统计显著，这可以认为是环境规制促进了产业高级化和合理化的自发改进，即政府环境规制支出增加可以使产业结构向更稳定、更高级的状态自发调整；也会进一步推进产业合理化和产业高级化的协同发展，且促进作用

（0.3071）远大于各自的自发改进作用（0.0519和0.0939）。这证实了现阶段我国政府主导的环境规制支出是有益的，并不是通过直接降低第二产业占比和提高第三产业占比，以求得污染物排放总量的减少，而是通过优化产业结构，促进产业协同发展。

环境规制监管变量对产业合理化表现为抑制作用，且系数在1%的水平下统计显著，环境规制监管的策略让步系数（−0.1192）的绝对值大约是环境规制支出的自发改进系数（0.0519）的2倍。产业高级化没有受到显著影响。环境规制监管抑制了产业高级化与产业合理化的协同发展，且系数在1%的水平下显著。这说明，严格的监管不利于产业协同发展。

环境规制收益变量对产业合理化与产业高级化分别表现为显著的促进作用（0.1187）及不显著的抑制作用（−0.0014），同时对产业协同发展的促进作用（0.4799）更大。

产业结构对节能绩效的影响如表5-8所示。

表5-8 产业结构对节能绩效的影响

指标	（1）	（2）	（3）
ind_1	−1.1776 *** （−7.4861）		
ind_2		0.8773 ** （2.0953）	
$ind_1 \times ind_2$			1.1744 *** （7.4468）
腐败	0.1397 （1.1176）	0.1710 ** （4.3653）	0.1365 （1.0911）
财政分权	0.2978 （1.0464）	0.1925 （0.6710）	0.2916 （1.0189）
人均收入	1.3271 *** （3.8848）	1.1409 *** （3.4848）	1.2847 *** （3.7438）
人口密度	−1.9031 ** （−2.2450）	−1.9631 ** （−2.3307）	−1.9228 ** （−2.2704）
失业率	0.0995 （0.3743）	0.1285 （0.4850）	0.1016 （0.3821）
R^2	0.8031	0.8048	0.8030
时间效应	控制	控制	控制
地区效应	控制	控制	控制
指标	（4）	（5）	（6）
ind_1	0.1948 （1.4839）		
ind_2		−0.2196 （−0.5302）	

续表

指标	（4）	（5）	（6）
$ind_1 \times ind_2$			0.0425（1.2702）
腐败	-0.2181*（-1.7753）	-0.1970（-1.5904）	-0.2181*（-1.7725）
财政分权	-0.1844（-0.6592）	-0.1864（-0.6568）	-0.2034（-0.7227）
人均收入	-0.1956（-0.5826）	-0.0630（-0.1945）	-0.1767（-0.5238）
人口密度	2.4091***（2.8922）	2.4794***（2.9760）	2.4407***（2.9314）
失业率	-0.1688（-0.6459）	-0.1704（-0.6500）	-0.1698（-0.6494）
R^2	0.5468	0.5449	0.5462
时间效应	控制	控制	控制
地区效应	控制	控制	控制
指标	（7）	（8）	（9）
ind_1	0.6898***（-7.9317）		
ind_2		-0.7012***（-7.9652）	
$ind_1 \times ind_2$			0.6895***（-7.9074）
腐败	-0.0040***（-2.0575）	-0.0017（-0.0242）	-0.0047（-0.0673）
财政分权	0.0513（0.3261）	0.0302（0.1896）	0.0536（0.3388）
人均收入	0.0248（0.1315）	-0.0388（-0.2131）	0.0122（0.0643）
人口密度	-0.7235（-1.5439）	-0.7494（-1.6019）	-0.7338（-1.5670）
失业率	-0.0552（-0.3756）	-0.0490（-0.3329）	-0.0546（-0.3711）
R^2	0.5049	0.5049	0.5047
时间效应	控制	控制	控制
地区效应	控制	控制	控制
观测值	667	667	667

注：列（1）至列（3）的被解释变量为 EE_1，列（4）至列（6）的被解释变量为 EE_2，列（7）至列（9）的被解释变量为 EE_3。

由表5-8的列（1）可知，产业合理化对能源利用效率的影响在1%的水平下表现为显著前向抑制作用（-1.1776），即产业合理化会使节能绩效显著下降。因此，从节能绩效角度，要更加科学地看待和规划我国的产业合理化问题。列（4）中，产业合理化对能源消费总量的影响不显著。从列（7）可以发现，这种情况更加根本的原因是，产业结构的合理化往往会进一步增加煤炭消费的占比。

由列（2）可知，产业高级化对能源利用效率的影响在 5% 的水平
下表现为显著前向促进作用（0.8773），即产业高级化会使能源利用效
率显著提高，这与现阶段大部分研究结论相同，即服务型产业占比的提
高会使能源利用效率提高。列（5）中，产业高级化对能源消费总量的
影响不显著。从列（8）可以发现，第三产业占比的提高抑制了煤炭消
费的占比（-0.7012），促进了清洁能源的使用。

由列（3）可知，产业合理化与高级化的协同作用对能源利用效
率的影响在 1% 的水平下表现为显著的前向促进作用（1.1744），即产
业合理化虽然会抑制能源利用效率，但产业合理化与高级化的协同发展
会显著减少资源配置扭曲，使能源利用效率明显提高。列（6）中，产
业合理化与产业高级化的协同作用对能源消费总量的影响不显著。从列
（9）可以发现，产业合理化和产业高级化的协同发展可进一步增加煤
炭消费的占比。

那么如果不考虑"环境规制—产业结构—节能绩效"的作用路径，
环境规制对节能绩效的直接影响是什么样呢？本研究进一步考察环境规
制对节能绩效的直接影响，结果如表 5-9 所示。

表 5-9　环境规制对节能绩效的影响

指标	（1）	（2）	（3）
ER_1	0.3069 *** （3.6158）		
ER_2		0.4371 ** （2.1675）	
ER_3			0.6664 ** （2.2298）
腐败	0.1811（1.4649）	0.1451（1.1638）	0.1420（1.1402）
财政分权	0.8321 * （1.8897）	0.3402（1.1901）	0.2959（1.0433）
人均收入	0.9334 *** （2.8136）	1.3417 *** （4.1517）	1.3067 *** （4.0716）
人口密度	-1.9187 ** （-2.2993）	-1.8241 ** （-2.1523）	-1.6923 ** （-1.9665）
失业率	0.1471（0.5601）	0.1075（0.4048）	0.1450（0.5427）
R^2	0.8084	0.8038	0.8038
时间效应	控制	控制	控制
地区效应	控制	控制	控制

指标	（4）	（5）	（6）
ER_1	0.5563 ** （2.3323）		
ER_2		0.7714 * （1.8104）	
ER_3			0.3716 * （1.8796）
腐败	-0.2209 * （-1.7923）	-0.2142 * （-1.7459）	-0.2109 * （-1.7203）
财政分权	-0.1455 （-0.5203）	-0.2118 （-0.7523）	-0.1649 （-0.5906）
人均收入	0.0966 （0.2921）	-0.0830 （-0.2610）	-0.0459 （-0.1452）
人口密度	2.4887 *** （2.9921）	2.3866 *** （2.8604）	2.2507 *** （2.6563）
失业率	-0.1930 （-0.7372）	-0.1835 （-0.7020）	-0.2226 （-0.8458）
R^2	0.5462	0.5467	0.5467
时间效应	控制	控制	控制
地区效应	控制	控制	控制
指标	（7）	（8）	（9）
ER_1	-0.7716 *** （-5.1022）		
ER_2		-0.4965 *** （-3.8017）	
ER_3			-0.4719 *** （-3.6502）
腐败	0.0036 （0.0527）	-0.0020 （-0.0290）	-0.0036 （-0.0521）
财政分权	0.7022 *** （8.0831）	0.9009 *** （4.5358）	0.6951 *** （3.6698）
人均收入	-0.1010 （-0.5443）	0.4528 * （1.8060）	-0.0035 （-0.0199）
人口密度	-0.6599 *** （-2.6798）	-0.6838 （-1.4596）	-0.4814 * （-1.9138）
失业率	-0.0423 （-0.2878）	-0.0496 （-0.3380）	-0.0246 （-0.1669）
R^2	0.5070	0.5068	0.5073
时间效应	控制	控制	控制
地区效应	控制	控制	控制
观测值	667	667	667

注：列（1）至列（3）的被解释变量为 EE_1，列（4）至列（6）的被解释变量为 EE_2，列（7）至列（9）的被解释变量为 EE_3。

由表 5-9 的列（1）至列（3）可知，环境规制支出指标、监管指标和收益指标对能源利用效率的影响均至少在 5% 的水平下统计显著，且表现为前向促进作用（0.3069、0.4371、0.6664），即三种环境规制手段均会使能源利用效率显著上升。列（4）至列（6）中，环境规制支出指标、监管指标和收益指标对能源消费总量的影响至少在 10% 的水平下显著，且表现为前向促进作用（0.5563、0.7714、0.3716），即三种环境规制手段均会使能源消费总量显著上升。从列（7）至列（9）可以发现，环境规制支出指标、监管指标和收益指标可能会带来新能源方面的改革与推广，进一步优化能源结构，降低煤炭消费占比（-0.7716、-0.4965、-0.4719）。

（3）技术进步作用路径研究

已有研究表明，技术进步对节能绩效存在显著的促进作用，在节能绩效异质性效应的形成方面，环境规制下技术进步扮演怎样的角色？在前文的论证中存在"产业结构—技术进步—节能绩效"和"环境规制—技术进步—节能绩效"两条路径。所以本研究对这两条路径分别进行验证，模型分别为：

$$\begin{cases} inv_{it} = \alpha + \beta\ ind_{it} + \gamma_1\ fd_{it} + \gamma_2\ Corr_{it} + \gamma_3 X_{it} + \eta_t + \mu_i + \varepsilon_{it} \\ EE_{it} = \alpha + \beta\ inv_{it} + \gamma_1\ fd_{it} + \gamma_2\ Corr_{it} + \gamma_3 X_{it} + \eta_t + \mu_i + \varepsilon_{it} \\ EE_{it} = \alpha + \beta\ ind_{it} + \gamma_1\ fd_{it} + \gamma_2\ Corr_{it} + \gamma_3 X_{it} + \eta_t + \mu_i + \varepsilon_{it} \end{cases} \quad (5-4)$$

$$\begin{cases} inv_{it} = \alpha + \beta\ ER_{it} + \gamma_1\ fd_{it} + \gamma_2\ Corr_{it} + \gamma_3 X_{it} + \eta_t + \mu_i + \varepsilon_{it} \\ EE_{it} = \alpha + \beta\ inv_{it} + \gamma_1\ fd_{it} + \gamma_2\ Corr_{it} + \gamma_3 X_{it} + \eta_t + \mu_i + \varepsilon_{it} \\ EE_{it} = \alpha + \beta\ ER_{it} + \gamma_1\ fd_{it} + \gamma_2\ Corr_{it} + \gamma_3 X_{it} + \eta_t + \mu_i + \varepsilon_{it} \end{cases} \quad (5-5)$$

其中，EE_{it} 表示第 t 年 i 地区的节能绩效，ER_{it} 表示第 t 年 i 地区的环境规制，fd_{it} 表示第 t 年 i 地区的财政分权，$Corr_{it}$ 表示第 t 年 i 地区的贪污腐败程度，X_{it} 表示第 t 年 i 地区的控制变量，ind_{it} 表示第 t 年 i 地区的产业结构，inv_{it} 表示第 t 年 i 地区的技术进步程度，η_t 表示时间效应，μ_i 表示地区效应，ε_{it} 表示随机误差项。因产业结构对节能绩效的影响已经在上一节中计算，所以本研究只验证上一章中没有出现的路径。计算结果如表 5-10 所示。

表 5-10　产业结构对技术进步的影响

指标	（1）	（2）	（3）
ind_1	0.4888 *** （0.2992）		

续表

指标	（1）	（2）	（3）
ind_2		0.0090（0.0452）	
$ind_1 \times ind_2$			0.1189*** （7.8848）
腐败	-0.1534*** （-2.7831）	-0.1853*** （-3.1196）	-0.1498*** （-2.6985）
财政分权	0.6673*** （5.3172）	0.6106*** （4.4871）	0.7272*** （5.7273）
人均收入	0.3805** （2.5260）	-0.0430（-0.2770）	0.3770** （2.4765）
人口密度	-0.2144（-0.5736）	-0.4164（-1.0423）	-0.2795（-0.7438）
失业率	-0.2402** （-2.0483）	-0.2195* （-1.7465）	-0.2398** （-2.0319）
R^2	0.9492	0.9418	0.9486
时间效应	控制	控制	控制
地区效应	控制	控制	控制

指标	（4）	（5）	（6）
ind_1	0.1024*** （8.9992）		
ind_2		0.5441* （1.6898）	
$ind_1 \times ind_2$			0.0273*** （8.0456）
腐败	0.2322** （2.4208）	0.2044** （2.1222）	0.2336** （2.4341）
财政分权	0.0474（0.2169）	0.0973（0.4409）	0.0622（0.2835）
人均收入	-0.0881（-0.3363）	-0.0860（-0.3417）	-0.0805（-0.3060）
人口密度	0.0399（0.0614）	0.0232（0.0358）	0.0290（0.0447）
失业率	-0.0839（-0.4110）	-0.0963（-0.4723）	-0.0842（-0.4126）
R^2	0.6330	0.6345	0.6331
时间效应	控制	控制	控制
地区效应	控制	控制	控制

指标	（7）	（8）	（9）
ind_1	1.8551** （2.2662）		
ind_2		2.8869** （5.1155）	
$ind_1 \times ind_2$			0.4590** （2.2021）
腐败	1.7082** （2.2296）	1.4762* （1.9071）	1.7241** （2.2478）
财政分权	1.8992（1.0888）	2.0090（1.1328）	2.1341（1.2164）
人均收入	-0.4834（-0.2309）	-1.6129（-0.7969）	-0.4698（-0.2234）
人口密度	-0.0353（-0.0068）	-0.6673（-0.1282）	-0.2736（-0.0527）
失业率	-0.7705（-0.4727）	-0.7799（-0.4761）	-0.7701（-0.4723）

续表

指标	（7）	（8）	（9）
R^2	0.7486	0.7465	0.7485
时间效应	控制	控制	控制
地区效应	控制	控制	控制
观测值	667	667	667

注：列（1）至列（3）的被解释变量为技术创新，列（4）至列（6）的被解释变量为技术扩散，列（7）至列（9）的被解释变量为技术创新和技术扩散的交乘项。

由表5-10可知，总体而言，产业合理化、高级化和协同优化对技术创新、技术扩散和整体技术进步（即交乘项）表现为显著的前向促进作用，说明产业结构的优化会有效促进技术扩散的加速和整体的技术进步。同时，对比可见，产业合理化对整体技术进步的前向促进作用最大（1.8551），对技术创新的作用次之（0.4888），对技术扩散的作用最小（0.1024）；产业高级化对整体技术进步的前向促进作用也最大（2.8869），对技术扩散的作用次之（0.5441），对技术创新的作用不显著；产业结构协同优化的作用顺序与产业合理化的作用顺序相同。同时，对整体技术进步和技术扩散促进作用最大的均是产业高级化，而对技术创新的作用最大的是产业合理化。可见，产业结构对技术进步有显著的促进作用，下文进一步研究技术进步对节能绩效的影响，结果如表5-11所示。

表 5-11 技术进步对节能绩效的影响

指标	（1）	（2）	（3）
inv_1	0.9424 *** （5.6933）		
inv_2		0.0521 （0.7897）	
$inv_1 \times inv_2$			0.0022 ** （4.2875）
腐败	0.1450 （1.1508）	0.2180 ** （2.2668）	0.1402 （1.1192）
财政分权	0.2655 （0.9143）	0.0430 （0.1970）	0.2961 （1.0409）
人均收入	1.2898 *** （4.0150）	-0.1169 （-0.4531）	1.2834 *** （3.9899）
人口密度	-1.9033 ** （-2.2476）	-0.0030 （-0.0046）	-1.9235 ** （-2.2738）

续表

指标	（1）	（2）	（3）
失业率	0.1112（0.4169）	-0.0872（-0.4269）	0.1000（0.3759）
R^2	0.8031	0.6328	0.8031
时间效应	控制	控制	控制
地区效应	控制	控制	控制
指标	（4）	（5）	（6）
inv_1	-1.1179***（-7.2135）		
inv_2		0.9412***（5.1127）	
$inv_1 \times inv_2$			-1.1190***（-6.8621）
腐败	-0.2130*（-1.7162）	-0.2151*（-1.7422）	-0.2049*（-1.6605）
财政分权	-0.1368（-0.4783）	-0.1629（-0.5821）	-0.1607（-0.5735）
人均收入	-0.0280（-0.0886）	-0.0187（-0.0590）	-0.0271（-0.0854）
人口密度	2.4730***（2.9654）	2.4899***（2.9902）	2.4894***（2.9880）
失业率	-0.1860（-0.7081）	-0.1738（-0.6638）	-0.1775（-0.6774）
R^2	0.5448	0.6973	0.5447
时间效应	控制	控制	控制
地区效应	控制	控制	控制
指标	（7）	（8）	（9）
inv_1	0.6965***（8.0062）		
inv_2		-1.3327***（-12.9112）	
$inv_1 \times inv_2$			-0.0105**（-2.5530）
腐败	0.4643***（3.5761）	0.0035（0.0509）	0.0097（0.1407）
财政分权	0.9030***（9.1341）	0.0474（0.3023）	0.0634（0.4058）
人均收入	-0.0142（-0.0798）	-0.0242（-0.1362）	-0.0379（-0.2145）
人口密度	-0.7269（-1.5526）	-0.7430（-1.5915）	-0.7514（-1.6170）
失业率	-0.0448（-0.3035）	-0.0569（-0.3878）	-0.0605（-0.4139）
R^2	0.7707	0.7299	0.5113
时间效应	控制	控制	控制
地区效应	控制	控制	控制
观测值	667	667	667

注：列（1）至列（3）的被解释变量为 EE_1，列（4）至列（6）的被解释变量为 EE_2，列（7）至列（9）的被解释变量为 EE_3。

在表 5-11 中，由列（1）至列（3）可知，技术创新和整体技术进步均对能源利用效率有显著的前向促进作用（0.9424、0.0022）。列（4）至列（6）中，技术创新和整体技术进步对能源消费总量均为显著的前向抑制作用（－1.1179、－1.1190），技术扩散却会增加能源消费总量（0.9412）。从列（7）至列（9）可以发现，与常见的观点不同，技术创新对煤炭在能源消费中的占比没有抑制作用，反而有显著的前向促进作用（0.6965），但技术扩散和整体技术进步对能源消费中煤炭的占比有显著的抑制作用（－1.3327、－0.0105）。这说明样本阶段的技术创新对新能源的使用和推广作用不大，更多还是针对煤炭的清洁化和规模化使用，但技术扩散和整体技术进步的作用更加明显。对比可知，整体技术进步对节能绩效的作用还是相对比较正向和显著的。

同时结合表 5-10 和表 5-11 可以看出，产业结构可以直接促进技术进步，进而影响节能绩效。但"环境规制—技术进步—节能绩效"这一影响路径又是怎么样的呢？下文讨论环境规制对技术进步的影响，计算结果如表 5-12 所示。

表 5-12　环境规制对技术进步的影响

指标	（1）	（2）	（3）
ER_1	－0.1210*** （－3.0060）		
ER_2		0.0521*** （6.7897）	
ER_3			0.3987 （0.7525）
腐败	－0.1675*** （－2.8569）	0.2180** （2.2668）	1.5310** （1.9837）
财政分权	0.5916*** （4.4466）	0.0430 （0.1970）	1.7392 （0.9928）
人均收入	－0.1842 （－1.1714）	－0.1169 （－0.4531）	－1.6359 （－0.7900）
人口密度	－0.4156 （－1.0505）	－0.0030 （－0.0046）	－0.8074 （－0.1550）
失业率	－0.2013 （－1.6166）	－0.0872 （－0.4269）	－0.7501 （－0.4575）
R^2	0.9429	0.6328	0.7462
时间效应	控制	控制	控制
地区效应	控制	控制	控制

指标	（4）	（5）	（6）
ER_1	0. 2092 *** （4. 1897）		
ER_2		-0. 0596 （-0. 7214）	
ER_3			-0. 4311 （-0. 6498）
腐败	-0. 1730 *** （-2. 9883）	0. 2290 ** （2. 3891）	1. 6132 ** （2. 0976）
财政分权	0. 6786 *** （5. 1112）	0. 0549 （0. 2499）	1. 8222 （1. 0330）
人均收入	0. 0333 （0. 2219）	-0. 1550 （-0. 6237）	-1. 9360 （-0. 9710）
人口密度	-0. 2755 （-0. 7000）	0. 0378 （0. 0580）	-0. 5123 （-0. 0980）
失业率	-0. 2106 * （-1. 7083）	-0. 0770 （-0. 3773）	-0. 6730 （-0. 4109）
R^2	0. 9439	0. 6327	0. 7461
时间效应	控制	控制	控制
地区效应	控制	控制	控制
指标	（7）	（8）	（9）
ER_1	0. 0200 （0. 6877）		
ER_2		0. 0082 （0. 1737）	
ER_3			0. 1412 （0. 3725）
腐败	-0. 1837 *** （-3. 1198）	0. 2250 ** （2. 3488）	1. 5799 ** （2. 0553）
财政分权	0. 6104 *** （4. 5510）	0. 0349 （0. 1600）	1. 6742 （0. 9562）
人均收入	-0. 0401 （-0. 2640）	-0. 1790 （-0. 7249）	-2. 1279 （-1. 0741）
人口密度	-0. 3626 （-0. 8913）	-0. 0247 （-0. 0373）	-1. 1864 （-0. 2234）
失业率	-0. 2090 * （-1. 6536）	-0. 0837 （-0. 4070）	-0. 7636 （-0. 4628）
R^2	0. 9419	0. 7299	0. 7459
时间效应	控制	控制	控制
地区效应	控制	控制	控制
观测值	667	667	667

注：列（1）至列（3）的被解释变量为技术创新，列（4）至列（6）的被解释变量为技术扩散，列（7）至列（9）的被解释变量为技术创新和技术扩散的交乘项。

在表 5-12 中，由列（1）可知，环境规制支出对技术创新在 1% 的水平下表现为显著的抑制作用（-0. 1210），再一次证实了环境规制对技术创新的"挤出效应"表现为显著的策略让步。在列（4）中，环境规制支出对技术扩散具有促进作用（0. 2092），表现出一定程度的自发改进，即环境规制支出虽然对技术创新有挤出效应，但可以促进已有技术的推广应用。由列（7）可知，环境规制支出对整体技术进步的作用不显著。

由列（2）可知，环境规制监管对技术创新具有显著的自发促进作用（0.0521），即环境规制监管可以推动企业进行技术创新，再一次证实了环境规制对技术创新的"波特效应"。从列（5）可以看出，环境规制监管对技术扩散具有策略让步的抑制作用（-0.0596），但是在10%的水平下不显著，即环境规制监管的严格程度提高时，企业可能更愿意选择自主研发和联合研发而不是进行技术购买和技术扩散。由列（8）可知，环境规制监管对整体技术进步的作用不显著。

由列（3）、列（6）、列（9）可知，环境规制收益对技术创新、技术扩散和整体技术进步的作用均不显著。

（4）FDI作用路径研究

我国环境规制的实施，基本上遵循的是自上而下的模式，中央政府、地方政府、企业和公众等各个利益相关者之间存在明显的目标差异。中国式分权背景下，在围绕GDP增长而进行的竞争中，地方政府有动机为招商引资而放松环境规制，引进高耗能产业，但这一现象是否普遍存在？由上文的路径分析可以看出，环境规制和产业结构都不能直接作用于FDI，那么技术进步是如何影响FDI的？FDI又会对节能绩效产生什么样的影响？为回答这些问题，本节探讨FDI的作用路径，即"技术进步—FDI—节能绩效"的路径，模型为：

$$\begin{cases} FDI_{it} = \alpha + \beta\, inv_{it} + \gamma_1 fd_{it} + \gamma_2 Corr_{it} + \gamma_3 X_{it} + \eta_t + \mu_i + \varepsilon_{it} \\ EE_{it} = \alpha + \beta\, FDI_{it} + \gamma_1 fd_{it} + \gamma_2 Corr_{it} + \gamma_3 X_{it} + \eta_t + \mu_i + \varepsilon_{it} \\ EE_{it} = \alpha + \beta\, inv_{it} + \gamma_1 fd_{it} + \gamma_2 Corr_{it} + \gamma_3 X_{it} + \eta_t + \mu_i + \varepsilon_{it} \end{cases} \quad (5\text{-}6)$$

其中，EE_{it} 表示第 t 年 i 地区的节能绩效，fd_{it} 表示第 t 年 i 地区的财政分权，$Corr_{it}$ 表示第 t 年 i 地区的贪污腐败程度，X_{it} 表示第 t 年 i 地区的控制变量，FDI_{it} 表示第 t 年 i 地区的外商直接投资，inv_{it} 表示第 t 年 i 地区的技术进步程度，η_t 表示时间效应，μ_i 表示地区效应，ε_{it} 表示随机误差项。因技术进步—节能绩效的结果已经得到，所以本研究只验证上一章中没有出现的路径。结果如表 5-13 所示。

表 5-13 "技术进步—FDI—节能绩效"路径验证

指标	(1)	(2)	(3)	(4)	(5)	(6)
FDI				0.0845 (1.6142)	-0.0713 (-1.3821)	0.0214 (0.7379)
inv_1	0.2149** (2.5188)					
inv_2		0.0217 (0.4116)				
$inv_1 \times inv_2$			0.0028 (0.4183)			
腐败	-0.3494*** (-3.1760)	-0.3941*** (-3.5744)	-0.3936*** (-3.5745)	-0.1697 (-1.3462)	-0.2333* (-1.8778)	0.0013 (0.0191)
财政分权	0.5714** (2.2537)	0.7016*** (2.8089)	0.6977*** (2.7908)	-0.2332 (-0.8158)	-0.1113 (-0.3950)	0.0307 (0.1941)
人均收入	0.4348 (1.5500)	0.4291 (1.5190)	0.4310 (1.5248)	-1.2519*** (-3.8979)	0.0041 (0.0129)	-0.0250 (-0.1404)
人口密度	-0.8421 (-1.1389)	-0.9316 (-1.2532)	-0.9295 (-1.2503)	1.8431** (2.1810)	2.4233*** (2.9097)	-0.7230 (-1.5436)
失业率	0.7070*** (3.0355)	0.6617*** (2.8309)	0.6618*** (2.8316)	-0.0457 (-0.1710)	-0.1301 (-0.4937)	-0.0673 (-0.4543)
R^2	0.6960	0.6920	0.6921	0.8041	0.5465	0.5051
时间效应	控制	控制	控制	控制	控制	控制
地区效应	控制	控制	控制	控制	控制	控制
观测值	667	667	667	667	667	667

注：列（1）至列（3）的被解释变量为 FDI，列（4）至列（6）的被解释变量分别为 EE_1、EE_2、EE_3。

在表 5-13 中，由列（1）可知，技术创新对 FDI 有显著的前向促进作用（0.2149），技术创新可以促进外商直接投资的进入。而在列

（2）中，技术扩散对 FDI 的前向促进作用在 10% 的水平下不显著。从列（3）可以发现，整体技术进步对于 FDI 的促进作用在 10% 的水平下不显著。由列（4）可知，FDI 对能源利用效率的前向促进作用在 10% 的水平下不显著。在列（5）中，FDI 对能源消费总量的前向抑制作用在 10% 的水平下不显著。由列（6）可知，FDI 对能源消费结构的前向促进作用在 10% 的水平下不显著。

结合上述研究结论，可以得到环境规制对节能绩效的异质性效应的作用路径，如图 5-4 所示。

5.3　进一步讨论

本章以产业结构、技术进步、FDI 为路径进行分析，通过经验判断和决策树相结合的方法得出"环境规制—节能绩效"异质性效应的作用路径。进一步结合统计分析和影响因素的中介效应分析，可以得出如下结论。

5.3.1　能源利用效率角度

需要关注三种类型的环境规制指标，尤其是环境规制收益指标。分析表明，管理过程中要以结果导向为主，辅以过程控制。在我国现阶段技术尚不够发达的情况下，能源利用效率较高的企业主要还是集中于第二产业，经济服务化程度的提高能促进能源利用效率的提高，且产业协同优化（产业高级化与合理化的协同发展）也能达到提高能源利用效率的目的。技术创新是促进能源利用效率提高的直接要素。

5.3.2　能源消费总量角度

三类环境规制对能源消费总量都有促进作用，尤其是环境规制监管指标的提高会显著地刺激能源消费，这可能是由于存在着回弹效应。技术

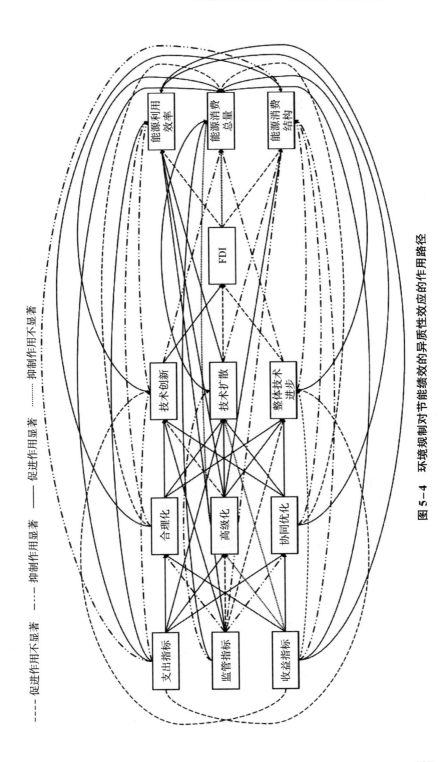

图 5-4 环境规制对节能绩效的异质性效应的作用路径

创新对能源消费总量的增长主要起到抑制作用，但是技术扩散对能源消费总量的增长起到了促进作用。

5.3.3　能源消费结构角度

三类环境规制都会降低煤炭消费在能源消费中的占比，其中环境规制支出的效果最明显。产业高级化可以直接作用于节能绩效，降低煤炭消费占比。产业合理化和技术创新会直接提高煤炭消费占比，而技术扩散却恰恰相反。

6 区域视角政策分析：节能绩效
与政策设计

本章拟借鉴周雄勇等（2018）和李启庚等（2020）构建的系统动力学模型，模拟不同环境规制政策工具情景下的节能绩效（以江西省为例），以我国经济社会发展现状为基准情景，并考虑人口、城市化和技术进步等主要因素的发展趋势进行设计。人口拟采用联合国和中国人口信息研究中心预测的人口数据的平均值，城市化率拟采用国家的五年规划目标，环境规制政策工具以三种类型的工具为主。

在以上研究的基础上，结合我国的节能绩效目标，分析环境政策的最优设计，提出基于区域角度的政府环境规制的最优政策工具组合、最适政策力度和最佳实施时间等，并讨论政策模式调整战略及导向和实施顺序等，以提升节能绩效。本部分的研究构想如图 6-1 所示。

6.1 政策工具选择

政策工具是达成政策目标的手段。事实上，政策工具既可以界定为一种"客体"，也可以界定为一种"活动"。如在法律文献中，人们往往将法律和行政命令称为工具，工具也可以看作活动，因而有学者将政策工具定义为"一系列的显示出相似特征的活动，其焦点是影响和治理社会过程"。这一定义扩大了工具的范围，将某些非正式的活动也纳入工具的范畴，使得"政策"与"工具"的界限更加模糊。刘环环

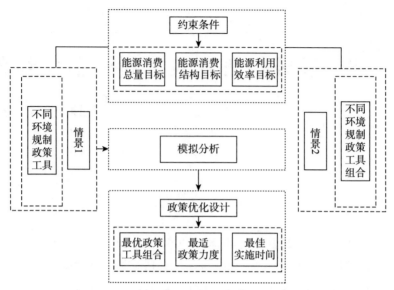

图 6-1 环境规制政策工具优化设计初步构想

（2009）将政策工具定义为"政策主体为实现政策目标所采取的一系列具有共同特性的政策活动集合"。

中国的环境规制政策工具从 1980 年初的完全依赖政府部门的命令控制型工具逐步转化为包含命令控制型工具、市场激励型工具、自愿型工具的环境规制政策体系。

命令控制型工具是指国家行政管理部门对生产行为进行直接管理和强制监督所根据的相关法律、法规、规章和标准。根据各政策工具实施效力的不同，命令控制型工具可以分为以下三类。一是国家层面的法律法规。自 1989 年 12 月中国正式制定《环境保护法》以来，我国陆续出台了 30 多部有关环境保护的法律法规。二是各级地方政府颁布的地方性法律法规。全国各级地方政府先后通过了 84 部地方环保法。三是各级环保部门和行业组织制定的多项环保技术标准和制度，主要包括：事前控制类的环境规划、环境标准、环境影响评价制度、"三同时"制度、排污许可证制度等；事中控制类的污染物排放浓度标准、排放总量控制标准、排污申报登记制度等；以及事后救济类的限期治理制度、污染事故应急处理制度、违法企业挂牌督办制度、污染企业"关停并转"等强制性制度。命令控制型工具的优势在于将环保事项前置，这样有利于更好地进行环境污染源控制，具有强制性和及时性，执行成本低；其劣势在于缺乏灵活性，相当于规定了一个清晰的环境保护下限，对于企业进行环境保护方面的技术创新激励不足，甚至对整个社会的环保会产生"劣币驱逐良币"的作用。

市场激励型工具是通过收费或补贴的方式，运用显性的经济激励，推动企业在排污的成本和收益之间自主决定企业的生产技术水平和排污量。根据具体运行原理，市场激励型工具可以划分为两类：一类是主张采用政府干预使得外部性内部化的政策工具，具体包括对排污征收罚款的惩罚性措施和对节能、生态项目提供补贴的正向鼓励型工具；另一类是强调利用市场机制本身来解决外部性问题的新制度经济学派政策工具，如排污权交易制度。排污权交易制度提高了企业污染治理的积极性，有利于将污染总量控制在一定范围内，从而使污染治理从政府的强制行为变为企业的自觉行为。相比命令控制型工具，市场激励型工具赋予企业更高的自由选择权，使企业能够更好地结合自身经济效益做出最优选择。市场激励型工具对于高污染企业加征具有惩罚性质的税收，而对于低耗能、低污染的企业则提供补贴，从而能够鼓励和引导企业采用更加先进的技术，减少污染物排放。因此，市场激励型工具能够更好地调节企业排污行为。此外，市场激励型工具还可以激励企业进行科学技术研发，鼓励企业采用更加先进的技术和环保措施，有利于降低企业的环境成本和提升企业的技术水平，从长期来看可以实现整个社会的经济效益和环境效益的最大化。不过政府行政管理部门并不能一次性让企业实现合理的排污成本，而是必须通过试错，对收费率进行不断调整，才能最终将企业的排污水平调整到合理水平。

自愿型工具主要是指居民、企业、民间组织根据自身对于可持续发展的认识，自发开展一系列在生产和生活中减少自然资源消耗和浪费的环境保护行动。当前我国常见的自愿型环境规制工具，根据发起主体的不同可以分为两类：一类是社会公益组织、行业协会发起的环境管理标准体系，如环境标识、ISO14000 环境管理体系认证等；另一类是中国政府相关部门发起的自然保护区、生态示范区、生态产业园、环境友好型城市等区域自愿环保行动。自愿型工具的优点在于：第一，自愿型工具可以更好地增强企业和公民自发治理污染的动力，且能够有效地减少政府行政监管成本；第二，自愿型工具的要求往往高于一般法律，这在一定程度上提升了环境保护标准；第三，不同于其他环境规制工具的单一性，自愿型工具具有形式灵活多样的特点。自愿型工具同样建立在一定的经济激励基础之上，因此，只有面临来自政府部门治污的行政压力、市场竞争压力和环境保护的舆论监督压力等多重压力时，企业才可能根据自身发展需要开展自愿环保行动。自愿型工具是对前几种政策工具的一种有益补充和提升。

6.2 节能系统的构建与检验

利用江西省的能源、环境等数据，以量化的节能绩效指标为约束条件，评价不同政策工具组合情景下的节能绩效，并利用统计分析方法进行可信性检验。总体来看，江西省经济稳步发展，但生态环境问题依然严峻。近年来中央政府和江西省政府积极采取各类政策工具来缓解生态环境问题。但何种政策的节能效果最好？不同政策工具组合情景下的节能绩效如何？这是现实中政府部门在制定环境规制时需要明确的问题。节能系统是由经济、科技、人口、能源、环境和政策等子系统组成的复杂庞大系统，系统内部的相关性很强，一个因子的变化将导致系统内其他因子甚至整个系统发生变化。系统动力学模型正是解决这类复杂系统问题最常用的方法。

系统动力学由美国麻省理工学院福瑞斯特教授创建，是一种从系统内部的结构和功能着手进行模型构建，并凭借计算机模拟仿真技术研究系统内部结构与其行为之间的动态关系、寻求解决方案的定量分析方法。系统动力学模型在研究和分析复杂问题时，擅长处理长期和周期性问题，通过引进系统论、信息反馈理论等相关概念及原理，把系统问题流体化、数字化，构建系统框架并划分若干子系统，理顺系统及内部要素之间的因果联系，继而设计因果回路及流图，建立动态仿真模型，寻求满足系统条件的较优结构与参数方案，以实现改善系统的目标，并为预测未来发展趋势提供有效的决策参考，是研究复杂庞大系统运动规律的理想方法。

在运用系统动力学方法构建节能系统之前先要明确模型建立的目的及相关的假设条件。构建节能系统模型的目的主要有两个。

一是构建一个动态的循环系统模型，将与节能绩效相关的各个要素之间的相互关系通过定量方式表现出来，运用系统动力学理论和方法对节能系统进行分析，全面了解影响节能系统的主要变量及各变量影响节能系统的路径，从而对节能系统的整体运行和动态发展趋势有更深入的了解。二是以各类政策调控因子为主要研究变量，设计多个模拟仿真方案，探究不同环境规制政策因子及不同政策工具组合情景下的节能绩效，通过对比分析找出最优的政策组合方案以提升我国的节能绩效。

由于节能系统涉及的影响因素太多，难以准确获取各项指标数据，因此，在明确建模目标的前提下对系统内次要因素予以剔除，对部分很难把握的主要影响因素提出以下假设。

第一，根据 2020 年《江西统计年鉴》的数据，江西省的地区生产总值从 2014 年的 15668 亿元稳步上升到 2019 年的 24758 亿元，但由于本研究设计的系统仿真模型运行时间是从 2005 年到 2025 年，故假设系统在整个运行期内经济是平稳发展的。

第二，在节能绩效的基础上，使用多个污染物排放指标来衡量减排效果，主要从能源消费结构、能源综合利用和环境自净等多个方面进行分析。但由于很多指标数据难以准确获取，故参考"十二五"规划与"十三五"规划中明确提出的节能减排约束性指标来衡量节能绩效和减排情况。

6.2.1 节能系统边界及子系统

节能系统突破了传统的能源、经济、环境系统的边界，考虑了节能减排的综合作用，节能系统主要涉及经济子系统、科技子系统、人口子系统、能源子系统、环境子系统和政策子系统，各子系统又包含诸多复杂的影响因素，各因素之间相互作用、相互影响、相互制约。

（1）经济子系统

经济子系统主要研究社会经济发展与节能之间的关系，如经济总量和经济结构对能源和环境的影响。经济子系统中 GDP 是核心变量，除此之外还包括固定资产投资、环保投入、节能投资、工业产值等变量。固定资产是 GDP 的主要构成要素；考虑到工业是对节能影响最为显著的产业部门，因此重点考察工业产值与能源消费、环境污染之间的关系；环保投入是衔接经济和环境、能源子系统的关键变量。能源的短缺、环境污染的治理等因素会制约经济保持合理的增长速度。经济子系统主要通过研发投入作用于科技领域的发展，从而影响科技子系统；通过在节能技术和环保方面的投资影响能源子系统；通过工业产值改变污染物排放量，影响环境子系统。

（2）能源子系统

能源子系统主要研究在一定的经济发展水平和人口增长条件下资源环境承载力以及能源消费总量的变化对经济社会发展产生的影响。能源累积消耗量能更为直观地展示化石能源与非化石能源消耗量在能源子系统中的流入与流出关系。能源消耗与经济总量存在一定关联，经济的发展在很大程度上会带动能源消耗的增加，进而使污染物增加，对环境子系统产生影响，这反过来也会制约经济的发展。能源子系统主要通过环境相对污染度对环境子系统产生影响；通过单位 GDP 能耗（能源效率的倒数）影响经济子系统。

（3）环境子系统

环境子系统主要关注在经济发展和能源消耗条件下生态环境变化与

经济社会发展之间的关系。随着人口的增长和经济总量的增加，人们的物质和精神文化需求也不断增长，生态环境也因此遭到严重破坏。建设环境友好型社会正是节能减排的目的之一。为了探究各类污染物在系统中的动态循环发展关系，本研究参照"十二五"规划中节能减排的约束指标把废水中化学需氧量（COD）、氨氮化物、二氧化硫（SO_2）、氮氧化物（NO_x）以及工业固废作为主要污染物，对其排放情况进行衡量。环境子系统主要通过污染物的排放影响经济子系统；通过环境相对污染度作用于人口总量，从而影响人口子系统。

（4）人口子系统

人口子系统主要研究人口变化情况与经济、科技、环境、能源的相互关系。人口总量的增加必然会增加能源消耗，但劳动生产率的提高有利于经济和科技的发展，进而通过研发投入影响环境治理水平。人口子系统主要通过人口总量影响社会劳动力，作用于 GDP 增长率，从而影响经济子系统；通过科技研发人员影响科技子系统；通过生态环境影响因子作用于环境子系统；通过化石能源消耗作用于能源子系统。

（5）科技子系统

科技子系统主要研究科技水平的变化对其他系统产生的影响。科学技术进步是推动社会经济发展的第一动力，技术创新是提高能源效率、加快经济发展的主要措施。在节能系统中，节能需要不断提高能源生产和使用技术、开发新兴绿色能源，而减排则需要运用科学技术手段提高能源转化效率、减少污染物排放。科技子系统主要通过科技水平增长率作用于能源消耗、GDP 增长率和污染治理效率，影响能源子系统、经济子系统和环境子系统；通过科技研发人员与人口子系统产生联系。

（6）政策子系统

政策子系统是节能系统的核心和运行枢纽。政府所制定的政策会对区域节能减排起到引导和推进作用，来自经济、人口、科技、能源和环境子系统中的任何因素都有可能直接或间接地受到政策因素的影响。本研究在保证节能系统正常运转的情况下引入环境规制政策因素，进而研究系统的主要输出变量的变化。政策因素主要涉及污染税调控因子和能源税调控因子、排污权交易政策因子、绿色信贷影响因子等。政策子系统主要通过工业产值影响经济子系统；通过污染税作用于环保投资，同时通过排污权交易政策因子作用于污染物产生量和治理量，影响环境子系统；通过绿色信贷影响因子作用于化石能源消耗量，影响能源子系统；通过人才引进政策因子和 R&D 投资占比作用于科技产出，影响科技子系统；通过生育政策因子作用于人口总量，影响人口子系统。

6.2.2　系统反馈回路及流图

节能系统流图将完整展示系统之间的因果关系和各个子模块的衔接结构，确定各变量之间的参数值和函数方程，可对系统的运行方式进行模拟，并对未来的系统变化趋势做出预测。

（1）经济子系统

经济子系统主要有四条反馈回路（见图 6-2），第一条回路是 GDP 通过固定资产投资作用于 GDP。固定资产投资来源于 GDP，而固定资产投资可形成固定资产，进而通过固定资产增长率、劳动力增长率和科技水平增长率影响 GDP 增长率，并最终影响 GDP。第二条回路主要通过环境相对污染度实现正反馈循环。环保投入来自 GDP，环保投入的增加会强化污染物治理。环境相对污染度越低，污染损失越小，同时 GDP 就越多。第三条回路主要是通过能源消耗总量影响环境相对污染度，进而影响 GDP。能源消耗与环境污染的关系可由污染损失系数反映，污染损失系数越高，环境相对污染度就越高，从而 GDP 减少量越大。第四条回路是 GDP 分配侧重于工业产值，而工业产值占 GDP 的比重越大，潜在的污染物产生量越大，进而影响环境相对污染度，并最终影响 GDP。

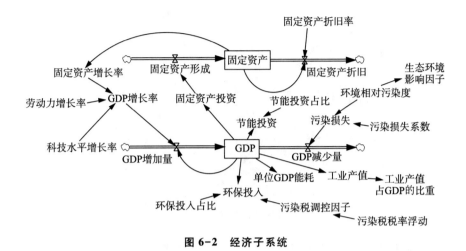

图 6-2　经济子系统

经济子系统主要通过调控工业产值占 GDP 的比重、固定资产投资、环保投入占比和节能投资占比等变量以缓解经济发展对能源子系统和环境子系统的压力，寻求适度的经济增长速度和资源消耗速度。经济子系统将 GDP、固定资产作为水平变量，该水平变量分别受到 GDP 增加量、GDP 减少量、固定资产形成与折旧变量的影响。GDP 增长率作为辅助变量，根据以柯布-道格拉斯函数为基础的索洛余值法和罗默内生增长模型确定。

（2）人口子系统

人口子系统主要的反馈回路有三条（见图 6-3）。回路一是人口子系统内部的循环，人口基数越大，出生人口就越多，其中人口出生率会受到生育政策因子的影响。回路二是通过死亡人口实现的负反馈循环。死亡人口增长，人口总量随之减少，死亡人口影响死亡率，同时受生态环境影响因子影响。回路三是人口通过化石能源消耗影响环境相对污染度，进而通过生态环境影响因子作用于人口总量。

人口子系统以人口总量为水平变量，以出生人口、死亡人口、机械人口为速率变量，其余变量为辅助变量或常量。

（3）科技子系统

从投入产出视角来看，科技子系统主要受 R&D 投资、科技研发人

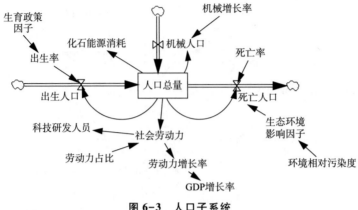

图 6-3 人口子系统

员、科技水平、科技产出等因素影响。科技子系统的主要反馈回路有两条（见图 6-4），第一条是通过增加科技产出增加 GDP，进而提高 R&D 投资占比，最终影响科技产出。第二条是通过提高科技水平增长率来提高污染治理效率，环境相对污染度的变化会影响污染治理成本，从而影响经济子系统。

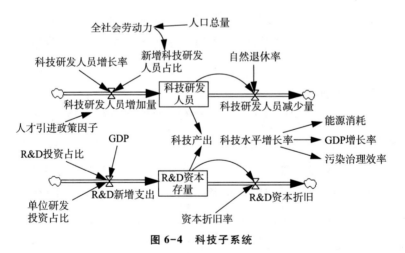

图 6-4 科技子系统

科技子系统选取科技研发人员和 R&D 资本存量为水平变量，以科技研发人员增加量和减少量、R&D 新增支出和资本折旧为速率变量，以新增科技研发人员占比为中间变量（通过人口总量的变化得到每年新增科技研发人员数量）。

（4）能源子系统

能源是人类经济社会发展不可或缺的基础要素，本研究主要考虑化石能源与非化石能源在系统中的作用。非化石能源消耗量受非化石能源消耗增长率影响，化石能源消耗量则主要受化石能源消耗增长率影响。在能源子系统中主要有五条反馈回路（见图6-5）。回路一和回路二分别通过化石能源消耗量和非化石能源消耗量实现能源累积消耗量内部的自循环。回路三是经济子系统通过影响单位GDP能耗等进而影响能源累积消耗量。回路四和回路五分别从节能和环保两个角度影响能源与环境和经济子系统之间的关系。能源子系统把能源累积消耗量作为水平变量，把化石能源消耗量、非化石能源消耗量和能源阻碍量作为速率变量。

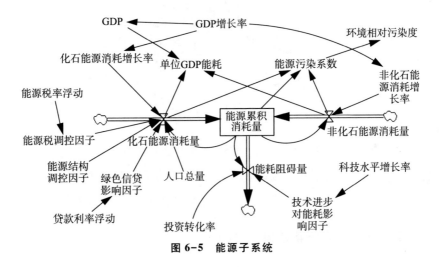

图 6-5　能源子系统

（5）环境子系统

环境子系统主要选定COD、氨氮化物、SO_2、NO_x以及工业固废作为污染物，而环境相对污染度是考察环境子系统作用的主要指标。环境子系统主要有四条反馈回路（见图6-6）。第一条是环境相对污染度通过污染损失系数影响GDP，GDP通过工业产值影响污染物的排放，进而影响环境相对污染度。第二条是通过增加环保投资减少污染物的排放，达到环境相对污染度的降低。第三条反映的是环境与能源子系统的联系，

GDP 的增长带来能源累积消耗量的增加，从而提高污染损失系数。第四条反映的是环境与人口子系统的联系，环境相对污染度通过生态环境影响因子影响人口总量，进而影响能源消耗量，从而影响环境相对污染度。

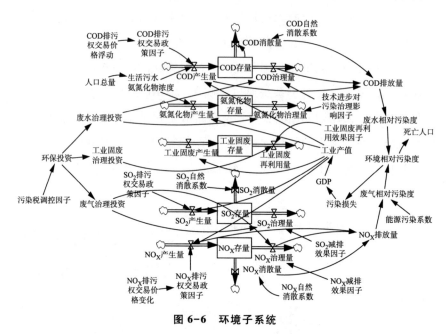

图 6-6　环境子系统

环境子系统把 COD 存量、氨氮化物存量、工业固废存量、SO_2 存量、NO_X 存量作为水平变量，以五种污染物的产生量和治理量（或再利用量）作为速率变量，以五种污染物的排放量作为考核指标。

6.2.3　参数计算及模型检验

本研究主要使用系统动力学软件 Vensim PLE，构建节能系统模型并进行模拟仿真，模型运行时间范围为 2005～2025 年，仿真步长为 1 年。其中 2005～2020 年为模型运行情况与实际情况的检验年限，2021～2025 年为系统政策仿真的年限，通过对政策工具以及调控因子调节，预测此期间环境规制对经济、能源、环境的影响。模型主要数据来源于历年《中国统计年鉴》《中国环境统计年鉴》《中国能源统计年鉴》《中国科技统计年鉴》《江西统计年鉴》《江西省生态环境状况公报》

等，数据均为官方公布数据，比较准确、规范、可靠。系统动力学模型以 2005 年为模拟的基准年份，对按当年价格计算的价值量和变量，如 GDP、固定资产投资等时间序列数据，均换算成按 2005 年不变价格修正的实际值，以消除价格因素变动的影响。

（1）参数计算

在节能系统模型中，固定资产增长率、劳动力增长率和科技水平增长率都用百分比表示。机械增长率、工业产值占 GDP 的比重、环保投入占比、废水治理投资、工业固废治理投资、废气治理投资、COD 自然消散系数、SO_2 自然消散系数、NO_x 自然消散系数等参数采用算数平均方法获取。能源污染系数采用公式推导法计算。就环境相对污染度而言，每一种污染物的相对污染度是不同的，根据不同污染物对生态环境和人体健康的危害程度赋予其不同的权重，以衡量总体的环境污染水平。其公式为：环境相对污染度 = 0.55×废水相对污染度 +0.35×废气相对污染度 +0.1×工业固废相对污染度。GDP 增长率和科技产出这两个变量运用多元回归方法得到。对于出生率、死亡率、劳动力占比、科技研发人员增长率、固定资产投资、COD 产生量、氨氮化物产生量、工业固废产生量、SO_2 产生量、NOx 产生量等参数，均采用发展趋势推算法进行估算。本研究在对多个政策调控因子或影响因子等不确定参数进行估算时运用了模糊综合评价法。比如污染税调控因子和能源税调控因子，通过考察污染税和能源税政策的层次性和有效性，分析区域工业企业的意愿，建立执行政策成本等与税收政策相关的指标体系，采用层次分析法确定指标权重，进而通过模糊综合评价法确定参考数值。人才引进政策因子、能源结构调控因子、绿色信贷影响因子、排污权交易政策因子等政策调控因子也采用模糊综合评价法确定。

我国目前尚未出台明确的污染税税目，但政府部门在其他方面围绕节能与减排制定了相关的环境规制，因此模型中的能源税调控因子与污染税调控因子可视为税收政策对节能系统的抽象汇总。模型中还涉及排污权交易政策因子、生育政策因子、人才引进政策因子、绿色信贷影响因子等外生影响因素。其中，生育政策因子采用 IF THEN ELSE 函数进行计算。

对于初始值的设定，主要采用拟合历史数据法，具体运用在模型所设水平变量上，如人口总量、GDP、固定资产、R&D 资本存量、能源累积消耗量、各污染物存量等。其中，固定资产和 R&D 资本存量在估算时均采用永续盘存法。对于污染物存量，COD、氨氮化物和 SO_2 等污染物排放在大气中会被动植物吸收或自然消解，因此并无存量的概念。然而，本研究引入污染物存量的原因，主要是考虑到污染物受不同系统的影响导致污染物产生量与治理量发生变化，而这一变化需要在存量系统中进行更为直观的表现，因此本研究假设每年排放的污染物能够在大气中存储。

（2）模型检验

系统动力学模型建立之后，需要对模型的合理性和适用性进行检验，检验过程中必须围绕系统动力学模型的研究目的进行，关注检验结果是否能够较为准确地描述现状并解决研究问题。现实中的节能系统规模庞大，因子间关系错综复杂，而节能系统模型更多是对现实系统的抽象表现，无法全面反映现实系统中的所有关系，只是对现实系统进行简化模拟。模型能否科学、有效地反映现实情况，直接决定了系统仿真和政策分析质量的高低。因此，必须对模型的有效性进行检验。

系统动力学模型的建模依据主要是系统本身的反馈结构，并且模型参数的估计也很少依赖计量经济学的估计方法，从方法论角度来看，系统动力学模型是一个计算机仿真模型，有符合自身特点的建模方法与检验准则。系统动力学模型的检验方法主要有以下几种。

①直观检验。即根据有关先验信息对模型的定量关系、因果关系、各子系统的流图和系统方程的正确性做出基本的判断，这种检验实际上已经贯穿在建模过程中。

②稳定性检验。由于系统中的影响因素众多，且相互之间的关系复杂，一旦参数选择不合理，往往容易出现系统跳跃的情况。因此要对参数变动进行稳定性检验。

③历史性检验。即对模型的拟合程度进行检验，通过比较系统水平

变量的仿真值与历史统计数据之间的差异来判断模型的有效性。

④灵敏度检验。即检验模型对参数值在合理范围内变动的灵敏度。若模型对大多数参数在合理区间内的变化是不灵敏的，则模型的可信度较高。

本研究主要选择历史性检验和灵敏度检验两种方法进行节能系统模型的检验。

第一，历史性检验结果。

在历史性检验中本研究主要选择数据较为全面的四个变量进行检验，包括人口总量、GDP、科技研发人员、SO_2存量，验证的时间为2005~2020年。表6-1为各变量的真实值、仿真值和相对误差。代表经济子系统的GDP值的检验中，16年的检验结果中有75%的数据相对误差都小于10%，表明拟合情况较好。在综合考虑出生率、死亡率和机械增长率后人口总量的仿真值与真实值之间的相对误差最大为8.7%，说明人口子系统的仿真结果可信度较高。代表科技子系统的科技研发人员和代表环境子系统的SO_2存量在有限的真实数据范围内仿真值与真实值之间的相对误差都控制在26%以内。综合看来，模型的运行结果与实际数据之间有较高的拟合度，表明模型能够根据历史数据较为准确地反映现实状况，适合进行下一阶段的仿真预测分析。

表6-1 历史性检验结果

年份	GDP（亿元,%）			人口总量（万人,%）		
	真实值	仿真值	相对误差	真实值	仿真值	相对误差
2005	4056.76	4056.76	0.0	4311	4311	0.0
2006	4820.53	5575.03	15.7	4339	4351	0.3
2007	5800.25	7316.53	26.1	4368	4391	0.5
2008	6971.05	8556.38	22.7	4400	4432	0.7
2009	7655.18	9528.14	24.5	4432	4473	0.9
2010	9451.26	10376.1	9.8	4462	4514	1.2
2011	11702.82	11354.8	-3.0	4488	4555	1.5
2012	12603.94	12701.75	0.8	4511	4593	1.8

年份	GDP（亿元,%）			人口总量（万人,%）		
	真实值	仿真值	相对误差	真实值	仿真值	相对误差
2013	14410.19	14132.7	-1.9	4522	4636	2.5
2014	15714.63	16010.7	1.9	4542	4674	2.9
2015	16723.78	17794.7	6.4	4566	4713	3.2
2016	18499	19063.2	3.0	4592	4753	3.5
2017	20006.31	20410.3	2.0	4622	4794	3.7
2018	21984.78	21838.4	-0.7	4648	4833	4.0
2019	24757.5	23422	-5.4	4666	4872	4.4
2020	25691.5	25160	-2.1	4519	4911	8.7

年份	科技研发人员（人,%）			SO_2 存量（万吨,%）		
	真实值	仿真值	相对误差	真实值	仿真值	相对误差
2005	22064	22064	0.0	61.3	61.300	0.0
2006	25797	24904	-3.5	63.4	64.817	2.2
2007	27123	29127	7.4	62.1	67.157	8.1
2008	28241	29165	3.3	58.31	56.959	-2.3
2009	33055	29052	-12.1	56.42	56.477	0.1
2010	34823	37952	9.0	55.71	57.731	3.6
2011	37517	38568	2.8	58.41	50.635	-13.3
2012	37852	39639	4.7	57.76	49.111	-15.0
2013	38152	41509	8.8	56.77	45.704	-19.5
2014	43512	39664	-8.8	55.77	41.591	-25.4
2015	43469	49516	13.9	53.44	44.410	-16.9
2016	46548	45467	-2.3	52.8065	41.575	-21.3
2017	50620	48823	-3.5	45.8	47.191	3.0
2018	61897	53821	-13.0	31.7	33.355	5.2
2019	85255	73436	-13.9			
2020						

第二，灵敏度检验结果。

灵敏度检验是研究与分析一个模型的状态或输出变化对系统参数或周围条件变化的敏感程度的方法。参数灵敏度检验是较为常用的检验方法，为了使节能系统的仿真分析更为可靠，本研究选择出生率作为敏感参数，考察在出生率提高 10 个百分点的情况下系统的稳定性，结果如图 6-7 所示。

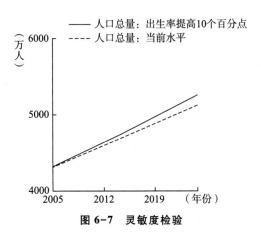

图 6-7　灵敏度检验

从图 6-7 可以看出，人口总量两条曲线的差距即使在出生率提高 10 个百分点的情况下也不大。这说明参数的小幅变动不会导致系统整体发生很大变动，系统模型对参数的要求没有过高，模型表现出较好的稳健性。

6.3　节能减排政策的仿真分析

6.3.1　现行政策下的仿真分析

在对模型进行有效性检验的基础上，为了进一步分析在各项税率、投资系数、科技水平、环保治理水平等相对稳定的情况下江西省节能减排的发展趋势和演化情况，本部分主要选择能源子系统和环境子系统中的各个变量作为输出变量，深入分析在现行政策条件下江西省的节能绩效演化情况。

能源累积消耗量主要受化石能源消耗量和非化石能源消耗量的影响，由图 6-8 可以看出，江西省未来几年在能源消耗方面主要呈现以下几个趋势：一是化石能源与非化石能源的消耗总量呈稳定上升趋势；二是化石能源消耗量表现出波动上升的特点；三是非化石能源消耗量的比重越来越高。能源消耗总量的上升与经济发展和人口增长密不可分，尽管人口增速在近几年有所放缓，但人口基数大，人口增长和经济发展必定带来能源消耗总量的增加。

就化石能源消耗量而言，2005~2012年化石能源消耗量呈上升趋势，但在2012~2015年化石能源消耗量有所减少。这可能与"十二五"规划制定的到2015年非化石能源占一次能源消费总量的比重达到11.4%等节能减排目标有关。由非化石能源消耗量的趋势图可以看到，在2012~2015年非化石能源消耗量并没有太多的增长，因此减少化石能源消耗是提高非化石能源消耗占比的有效措施。2015~2019年化石能源能源消耗量增速明显提高，导致这一现象最可能的原因是地区发展经济的迫切需要。党的十八大指出到2020年要全面建成小康社会，而在经济方面2015年江西省的人均GDP为36819元，远低于全国平均水平。江西省在实现全面建成小康社会宏伟目标的过程中，能源消耗总量有所上升。2017年9月发布的《江西省贯彻落实促进中部地区崛起"十三五"规划实施方案》明确指出，要重点实施工业污染源全面达标排放计划，大力推进"以气代煤"和"以电代煤"，努力实现到2020年地级及以上城市重污染天数减少25%。在该环境目标的驱使下，2020~2021年化石能源的消耗量有所下降，但未来几年江西省化石能源消耗量还会持续增长。

非化石能源消耗量在2013年前后迎来了明显增长，并在未来几年呈现增速不断提高的趋势。一方面，能源转型是解决全国能源问题的重要措施，《江西省"十二五"能源发展专项规划》中指出，远期的发展要着眼于清洁能源的普及，逐步形成以核能、太阳能为主的新能源供应体系，从根本上解决能源资源短缺问题。《江西省"十三五"能源发展规划》将能源发展目标明确为2020年非化石能源消费比重力争达到11%，天然气消费比重提高到8%，煤炭消费比重降低到65%。另一方面，江西省的光伏产业已发展成为支柱型产业，2015年产业规模首次突破千亿元，全年实现主营业务收入1008.1亿元，光伏产业的发展带动了非化石能源消耗量的增加，预计未来几年非化石能源消耗的比重会越来越高。

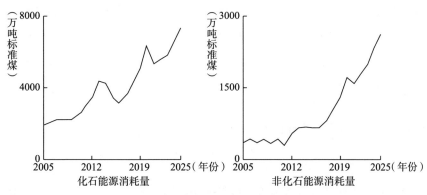

图 6-8　能源子系统中主要指标的变化

环境子系统是反映节能减排效果的主要输出系统，选取 NO_x 排放量和 SO_2 排放量以及工业固废利用率作为环境子系统的考察指标。工业固废利用率呈现上升趋势，这与全面节能减排相关环境规制的实施密切相关。江西省工业固废的产生量在近十年都稳定在 1 亿吨以上，随着工业固废产生量的增加，工业固废利用率从 2005 年的 36% 提升到了 2020 年的 85%，其中南昌市 2020 年全市一般工业固废产生量为 274.02 万吨，综合利用量为 253.71 万吨，一般工业固废利用率达到 92.6%。

中国的能源结构决定了煤烟型大气污染是中国环境污染的主要形式。中国是世界上 SO_2 排放最多的国家，而排放的 SO_2 绝大部分来自燃煤，因此，SO_2 一直是中央政府节能减排目标中的两个主要污染物之一。整体上看，江西省 SO_2 排放得到了有效控制，从 2005 年的 61.3 万吨减少到 2019 年的 21.8 万吨，SO_2 减排效果明显。

为打造美丽中国江西样板，2019 年江西省全力推进实施蓝天、碧水、净土保卫攻坚战等"八大标志性战役、30 个专项行动"，全面开展"五河两岸一湖一江"全流域整治。实现全省设区城市 $PM_{2.5}$、PM_{10}、SO_2、NO_2、CO、O_3 六项主要指标平均浓度全面达到环境空气质量二级标准，全省 $PM_{2.5}$ 浓度达到 35 微克/立方米，比全国平均水平低 1 微克/立方米。NO_x 在"十二五"规划时期才被纳入节能减排监测指标范围，NO_x

排放量在 2007 年前后达到一个小高峰，此后呈现明显的下降趋势，到 2019 年 NO_x 的排放量已经降到 40.68 万吨。由 NO_x 排放量的趋势可以看出，2019 年之后的减排效果明显减弱，很大的原因在于地区经济发展与能源消耗控制难以平衡，未来需要更加有效的环境规制以推动地区的节能减排工作。

6.3.2 单一政策仿真

（1）命令控制型环境规制调整

命令控制型环境规制体现了政府的强制力，如法律、法规、规章、条例等。这类工具通常在短期内效果明显，特别适用于危机管理，但是此类工具对应用环境的要求也非常高。一方面，需要开展实施和监督活动，可能会带来较高的实施和监督成本；另一方面，这类工具的强制特征会引发来自政策对象的阻力。国家对各项环保投资资金的安排，客观体现了国家对环保工作的重视程度。本研究将环保投入占比、节能投资占比和减排专项资金影响因子作为代表命令控制型环境规制的政策调控因子。通过设定不同参数值来观察参数变动后环境或能源子系统中主要变量的变化情况。其中环保投入占比和节能投资占比的估计值是对江西省生态环境统计年报历年数据取平均值获得，根据不同变量的初始值差异逐渐加大政策实施力度，设计出以下两个政策调整方案，见表6-2。

表 6-2　命令控制型环境规制调整

方案	环保投入占比	节能投资占比	减排专项资金影响因子
原政策	1.46%	0.71%	1
方案1	2%	1%	1.1
方案2	2.4%	2%	1.2

根据以上两种不同政策方案的参数值，运用 Vensim 软件在节能系统中进行仿真模拟，得到以下能较好反映环境状况的四个指标的仿真结果。由表6-3和图6-9可以看出，只调整命令控制型环境规制对化石

能源消耗量、非化石能源消耗量和单位 GDP 能耗的影响不大，但对 SO_2 排放量有一定影响。

表 6-3 能源使用的变化情况

年份	化石能源消耗量（万吨标准煤）			非化石能源消耗量（万吨标准煤）			单位 GDP 能耗（吨标准煤/万元）		
	原政策	方案1	方案2	原政策	方案1	方案2	原政策	方案1	方案2
2005	2113.23	2113.23	2113.23	356.634	356.634	356.634	0.608826	0.608826	0.608826
2006	2291.72	2291.49	2290.64	412.065	412.025	411.872	0.485277	0.485027	0.484162
2007	2437.58	2437.28	2436.12	339.62	339.579	339.417	0.382833	0.382502	0.381355
2008	2262.87	2262.6	2261.46	389.974	389.926	389.731	0.314388	0.314032	0.312801
2009	2108.97	2108.7	2107.58	279.374	279.338	279.19	0.257281	0.256931	0.25572
2010	2791.22	2791.9	2793.85	434.381	434.487	434.791	0.323767	0.323389	0.322071
2011	2902.32	2903.76	2908.25	253.383	253.51	253.902	0.288323	0.288005	0.286884
2012	3425.95	3428.18	3435.18	493.076	493.397	494.403	0.324905	0.324529	0.323199
2013	4144.84	4147.95	4157.72	558.633	559.052	560.369	0.350923	0.350469	0.348863
2014	4595.66	4598.82	4608.6	666.808	667.267	668.686	0.351616	0.351055	0.349081
2015	3074.39	3077.56	3087.59	523.834	524.372	526.082	0.215722	0.215405	0.214284
2016	3217.9	3221.21	3231.63	608.396	609.021	610.991	0.216462	0.216102	0.214829
2017	3706.34	3710.62	3724.16	749.837	750.703	753.442	0.235766	0.235358	0.233917
2018	5082.93	5088.54	5106.18	1135.13	1136.38	1140.32	0.30736	0.306753	0.304614
2019	6643.82	6651.26	6703.25	1556.83	1558.57	1570.75	0.373272	0.372466	0.371221
2020	7055.72	7064.48	7132.78	1731.73	1733.88	1750.65	0.365518	0.3647	0.363763
2021	5946.16	5955.01	5991.48	1618.63	1621.05	1630.97	0.291219	0.290584	0.288519
2022	6384.52	6394.56	6435.75	1863.18	1866.12	1878.14	0.297824	0.297144	0.294931
2023	6815.19	6826.76	6873.41	2109.67	2113.26	2127.7	0.302965	0.302255	0.299927
2024	8077.5	8091.85	8152.91	2577.17	2581.75	2601.23	0.340845	0.340009	0.337414
2025	9085.15	9102.45	9179.15	2976.6	2982.27	3007.4	0.363333	0.362421	0.35973

由图 6-9 可知，实施命令控制型环境规制在前期能有效减少 SO_2 排放，但到一定阶段后，原政策更有利于有效减少 SO_2 排放。一般而言，政府通过加大节能投资和环保投入，限制地区污染物排放和提高污染治理水平，可以实现"节能"和"减排"双轮驱动。但是，从能源和环

境子系统多个指标的仿真结果来看，单一的命令控制型环境规制调整带来的减排效果还是有限的，对企业而言还是缺乏更加有针对性的约束政策。

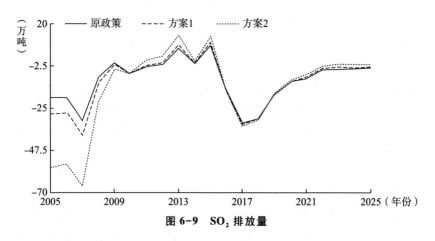

图 6-9　SO$_2$ 排放量

（2）市场激励型环境规制调整

市场激励型环境规制的最大特征在于其非强制性，因而在一些领域很容易被大家接受。通常表现形式为补助或补贴、代金券、贷款、税收、产权拍卖。这种工具的局限性在于过度的经济刺激可能会削弱政策对象的责任感，从而造成社会机制的转换。消极的环保政策主要强调降低环境污染的程度，如加收环境保护经费。积极的环保政策主要强调防患于未然，如颁发排污许可证、征收排污税等。排污权交易是市场激励型环境规制的一种，其在污染物排放总量控制指标确定的条件下，利用市场机制，授予市场主体合法的污染物排放权，并允许排放权可以像商品那样被买入和卖出，以此来进行污染物的排放控制，从而达到减少污染物排放量、保护环境的目的。因此，本研究选择四类主要污染物的排污权交易价格作为环保政策的调控因子，并设计以下三种环保政策方案。假定在原政策条件下污染物排放交易价格浮动水平为 0，三种政策方案的排污权交易价格浮动水平逐渐提高，见表 6-4。

表 6-4　市场激励型环境规制调整

单位：万元/年·吨

方案	排污权交易价格浮动水平			
	COD 排污权交易价格	氨氮化物排污权交易价格	SO_2 排污权交易价格	NO_x 排污权交易价格
原政策	0	0	0	0
方案 1	0.05	0.05	0.05	0.05
方案 2	0.3	0.3	0.3	0.3

从环境相对污染度指标来看，如图 6-10 所示，市场激励型环境规制调整对环境相对污染度有明显的影响。方案 2 下的环境相对污染度最低，原政策下的环境相对污染度最高。主要污染物排污权交易价格的提高会提高企业排放污染物的成本，企业在保证能源投入不变的情况下为了获取更高的经济利益只能通过提高能源利用效率、淘汰落后产能等方式减少污染物排放，从而实现地区整体环境治理水平的提高。以排污权交易价格为调控因子的环保政策能够直接对企业的节能减排行为产生影响，因此政府可以考虑根据地区企业特质实施合理的环保产业政策。

污染物排污权交易价格的变化对四种污染物的影响应较为明显，在污染治理水平不变的情况下污染物产生量的减少就意味着污染物排放量也会下降。从 COD 产生量和氨氮化物产生量来看，随着环保政策越来越严格，COD 产生量和氨氮化物产生量呈现明显减少的趋势。从 NO_x 产生量和 SO_2 排放量可以看到，方案 1 下的污染物产生量或排放量低于原政策方案的水平，而方案 2 下 NO_x 产生量和 SO_2 排放量下降不明显，从总体上看也能说明环保政策力度的加大能降低 NO_x 产生量和 SO_2 排放量，但这种减排效应并没有随着排污权交易价格的不断升高而增强，过高的排污权交易价格可能会抑制企业的节能减排行为。这就要求政府制定合理的排污权交易价格，以更好地激励企业的节能减排行为。

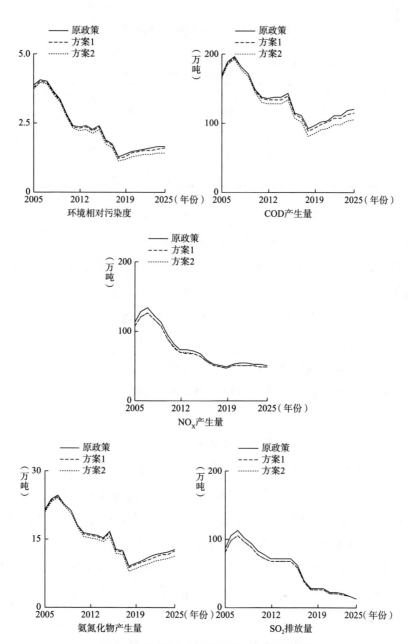

图 6-10　市场激励型环境规制调整下相关
指标的变化情况

（3）自愿型环境规制调整

自愿型环境规制主要是指企业根据自身对于可持续发展的认识，自发采取一系列在生产和生活中减少自然资源消耗和浪费的自愿型环境保护行动，其不具备强制性约束力。企业的 R&D 水平和高科技人才数量体现了企业的竞争力，也是企业可持续发展的重要衡量指标，因此本研究选择人才引进政策因子和 R&D 投资占比作为自愿型环境规制的调控因子，其中 R&D 投资占比为江西省 1996~2018 年 R&D 投资额占 GDP 比重的平均值，设计出以下三种不同的调整方案，见表 6-5。

表 6-5 自愿型环境规制调整

方案	R&D 投资占比	人才引进政策因子
原政策	0.739%	0.7
方案 1	0.8%	0.8
方案 2	0.9%	0.9

从图 6-11 可以看出提高人才引进政策因子能够增加科技研发人员的数量，越来越多的科技研发人员投入绿色技术的研发创新活动，有利于节能技术的开发和节能应用的推广，从而提高地区环境治理水平。同时，随着 R&D 投资占比的提高，R&D 资本存量也明显增加，这有利于进一步增加科技产出，从而提高污染治理效率。

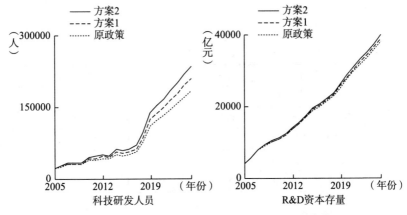

图 6-11 自愿型环境规制调整下相关指标的变化情况

自愿型环境规制主要通过引进高科技人才和增加研发投资来获得更多的科技产出，科技产出再投入研究与开发活动，从而不断提高绿色技术水平。节能技术的应用能够有效提高能源利用效率和污染治理水平，但是如果只借助科学技术，其节能效果会存在一定的时间滞后性，只有当企业获得相应的经济效益时才有可能转向对环境效益的追求。因此，自愿型环境规制需要与其他政策协同，才有助于充分发挥科学技术的节能作用。

6.3.3 政策组合仿真

上文根据具体政策的分类考察了单一环境规制调整对节能系统的影响，本部分在此基础上考察不同政策组合条件下的节能减排效益。

如表 6-6 所示，方案 1 是在原政策条件下加大了命令控制型政策和自愿型政策的实施力度；方案 2 是在原命令控制型政策的基础上加大了自愿型和市场激励型政策的实施力度；方案 3 是在原自愿型政策的基础上加大了命令控制型和市场激励型政策的实施力度；方案 4 是将三种类型的环境规制的政策实施力度均提高。根据江西省环境规制的实际情况对各种政策工具的实施强度进行微调，确定相应的调控参数。在对每个政策组合进行仿真的过程中，假设除涉及的调控因子外其他变量不变，并将 SO_2 排放量和单位 GDP 能耗作为输出变量，考察在不同政策组合条件下输出变量的变化趋势。

表 6-6 政策组合调整

政策类型	调控因子	原政策	方案 1	方案 2	方案 3	方案 4
命令控制型政策	环保投入占比（%）	1.46	2	1.46	2	2
	节能投资占比（%）	0.71	1	0.71	1	1
	减排专项资金影响因子	1	1.1	1	1.1	1.1
自愿型政策	人才引进政策因子	0.7	0.8	0.8	0.7	0.8
	R&D 投资占比（%）	0.739	1	1	0.739	1

续表

政策类型	调控因子	原政策	方案1	方案2	方案3	方案4
市场激励型政策	COD 排污权交易价格（万元/年·吨）	0	0	0.05	0.05	0.05
	氨氮化物排污权交易价格（万元/年·吨）	0	0	0.05	0.05	0.05
	SO_2 排污权交易价格（万元/年·吨）	0	0	0.05	0.05	0.05
	NO_x 排污权交易价格（万元/年·吨）	0	0	0.05	0.05	0.05

从 SO_2 排放量来看，方案1下 SO_2 排放量在 2015～2020 年是最少的，这说明同时调控命令控制型政策和自愿型政策在 SO_2 排放量较少的时期是有效的。但随着时间的推移，该政策组合的调控效果会下降。2020年之后方案3的政策组合效果更好，表明该时期市场激励型政策取代自愿型政策更能减少 SO_2 的排放。整体看来，同时调控自愿型和市场激励型政策以及同时调控三类政策都没有很好地减少 SO_2 排放（见图6-12）。

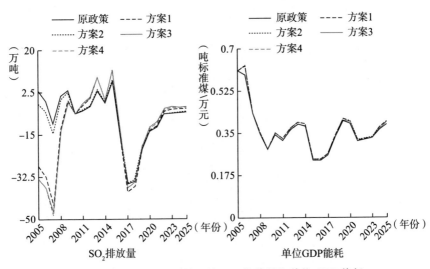

图6-12 政策组合调整下的 SO_2 排放量和单位 GDP 能耗

从单位 GDP 能耗来看，方案3的政策效果最好，但各个方案的差异不明显，2021年以后，同时加大命令控制型和市场激励型政策的实施力度能最大限度降低单位 GDP 能耗。而方案 2，即同时加大自愿型和市场激励型政策的实施力度，节能效果最差，这说明依靠市场驱动和居民、企业自身的节能环保意识很难有良好的环境治理效果。在现行环境规制下，同时调整命令控制型和市场激励型政策具有最佳的节能效果，这两者的结合能最大限度发挥环境规制降低单位 GDP 能耗的作用。

综合看来，同时调控命令控制型和市场激励型政策是最为有效的政策组合方案，对长期而言尤应如此。自愿型政策在某些时期与市场激励型或命令控制型政策的组合也能产生一定的环保效果，但总体上看并不是能实现节能环保的主要政策组合方式。

7 企业视角政策分析：能源利用效率与环境规制模式协同

《2022 中国生态环境状况公报》显示，2022 年全国环境空气质量稳中向好，339 个地级及以上城市细颗粒物浓度为 29 微克/立方米，比 2021 年下降 3.3%；优良天数比例为 86.5%，好于年度目标 0.9 个百分点；重度及以上污染天数比例为 0.9%，比 2021 年下降 0.4 个百分点。[①] 但这些成绩与我国"十四五"期间大力提高发展质量、解决发展不均衡问题的要求，还存在一定差距。应站在人类命运共同体和中华民族永续发展的战略高度，推进中国环境治理现代化，以"生态兴则文明兴"的大历史观和"人与自然生命共同体"的全局视野精准衡量环境规制模式，阐明其动态演进逻辑。

新中国成立以来，根据不同历史时期的特点和需求，我国环境规制模式不断调整（沈坤荣和周力，2020）。党的二十大进一步提出要"全方位、全地域、全过程加强生态环境保护"。同时，各国实践表明，环境规制的有效性是推动实现"双碳"目标、促进高质量发展的重要抓手和制度性保障。但对环境规制模式的已有研究主要集中于单一模式的内涵界定和发展历程、节能减排和技术创新等的影响效应、突出性政策制度的实施效果等方面。同时，本研究发现了一个值得关注的现象：现有环境规制模式对能源利用效率影响效应的研究结论多样，甚至以同一

---

① 《2022 中国生态环境状况公报》，https://www.mee.gov.cn/hjzl/sthjzk/zghjzkgb/202305/P020230529570623593284.pdf。

政策（事件）为研究对象，也可能会得到对立、相左的观点；而且随着微观数据的丰富，许多宏观层面已得到广泛认可的结论似乎在微观层面并不成立（孙博文和郑世林，2024）。这种差异可能是因为环境规制在执行过程中，一方面是宏观层面，多模式并存的事实和文献中针对单一模式的研究设定相矛盾；另一方面是微观层面，企业的异质性特征决定了针对少数企业的研究可能不具有全国代表性（刘华军等，2022）。

本研究基于已有文献和中国特色的历史实践，对环境规制进行重新界定并分为末端治理、过程治理和源头治理三种模式；借鉴斯科特新制度主义的综合分析框架，以强制性、规范性和文化-认知性三大核心要素，揭示三种环境规制模式在逻辑基础、作用空间、效应主体三个角度12个方面的协同演进逻辑。进而采用机器学习方法，以《人民日报》1950~2022年的文本数据为数据源，探究环境规制模式强度和协同演进逻辑，并从微观影响效应视角，探究环境规制模式协同对企业能源利用效率的影响。

本章的边际贡献体现在如下三个方面。第一，基于中国独特的制度背景和实践经验，首次系统研究了环境规制模式协同演进对企业能源利用效率的影响效应，从而对环境规制模式影响效应的理论研究做出重要拓展。尽管现有文献讨论了多种类型的环境规制模式，如行政命令型、市场激励型和自愿型，以及正式与非正式环境规制等对企业的影响效应，但忽视了中国多模式并存的现实背景。因此，本研究跳出单一的环境规制视角，尝试从协同演进的宏观结构性视角与微观企业视角出发，系统深入剖析环境规制模式协同对企业能源利用效率的影响效应。第二，已有文献关注的焦点是环境规制模式的政策有效性、影响效应、理论基础等问题，主要采用实证分析或案例研究的范式，尚未开展大历史观视角的实证研究，尤其缺乏基于历史真实记录视角的经验证据。在此情况下，本研究以《人民日报》73年的资料为切入点，采用机器学习方法统计测度三种环境规制模式强度，揭示新中国成立以来环境规制模式的协同演进逻辑，丰富环境规制历史演进的学术研究。第三，基于制度演进和微观影响效应的视角，对我国完善环境规制和加快生态文明建设提供理论指导和政策参考。本研究从"全流程治理"和"跨类型协同"的双重维度，考察不同类型环境规制模式的协同演进与耦合逻辑，由此为我国环境治理和高标准制度建设提供全新思路，对以高质量发展为核心要求的中国式现代化治理具有较强现实意义。

7.1　理论分析与研究建构

20 世纪以来，环境问题在各国逐渐受到高度关注，实践中政府借助各类法律法规、政策措施等形式的环境规制开展环境保护与污染治理工作。

7.1.1　环境规制模式的内涵剖析

（1）有关环境规制内涵的研究

现有文献对环境规制的内涵剖析主要分为三大类：第一类从社会规制视角，主要基于植草益的微观规制经济学理论，认为环境规制属于公共规制范畴，是社会规制的一项重要内容，是依据一定规则，对与环境相关的特定个人和经济主体的所有活动采取限制的行为；第二类从公共经济学视角，提出环境规制是政府规制的一种（杜龙政等，2019），是政府、行业协会等组织通过行政手段实施的（李虹和邹庆，2018），以环境保护为目的、以个体或组织为对象、以有形制度或无形意识为存在形式的一种约束性力量；第三类从法学视角，主要基于市场规制理论，认为"环境"是一种具有"群体用益性"特征的资源（Currie et al.，2023），其分配过程没有约定俗成的规则（Fowlie et al.，2016），在相应时空条件下形成的、需要成本维持的分配方式就是"环境规制"（Gollop and Roberts，1983）。

第一类将环境规制作为社会规制的一种，虽有其合理性，但定义较为模糊，若作为分析依据，则难免落入论证宽泛而展开无序的窠臼。第二类和第三类虽有更细致深入的界定，但内涵又局限于以政府和环保组织为主体发起的环境规制行为，不符合中国提出和倡导、并不断推进的"全方位、全地域、全过程加强生态环境保护"的要求。

（2）有关环境规制模式的研究

有关环境规制模式的文献也可以总结为三类。第一类基于规制手段视角，按可观测性分为"显性"和"隐性"规制模式，按约束方式分为"命令型"和"非命令型"规制模式（张华，2016），按激励/惩罚方式分为"命令控制型""经济激励型""自愿型"规制模式（邵帅等，2022）。第二类基于法学视角，按法律惩罚形式分为"立法早期化"和"事后惩罚型"规制模式，而后者又可以按违法行为的类型，细分为"环境侵权""生态环境损害""环境侵害"规制模式，按法律秉持的观点分为"规范主义""功能主义""综合型"规制模式。第三类基于成本与效果视角（刘华军等，2022），按照二维分析框架，形成四象限规制模式。

以上三类模式中，第一类适用性最强，但在实际分析中，往往存在不同类别模式间边界模糊的问题，致使政策建议的有效性和可行性受到很大程度的限制；第二类虽边界清晰，但拘泥于法律层面，适用范围较窄，局限性较大；第三类虽然判断依据明确，但标准的主观性强，且限于时空静态性讨论，可推广性受到严重制约。

（3）有关环境规制模式发展演进和影响效应的研究

关于环境规制模式的发展演进和影响效应，有关学者从经济学、法学等诸多视角进行了丰富的探索。从经济学视角，环境规制模式一般按照"行政命令型—市场激励型—自愿参与型"的规律演进（李青原和肖泽华，2020）；从社会学视角，环境规制模式按照"以制定法律法规为主的探索模式—重视考核的政策监督模式—政府行政指令方式和市场化方式相结合的多元化模式"的规律演进（于亚卓等，2021）；从法学视角，与现行环境法的演进高度相似，环境规制模式按"基于第一代环境法的直接型—基于第二代环境法的激励型—基于第三代环境法的治理型"的规律演进。

环境规制对能源利用效率的影响效应研究，从经济学视角，主要围绕经典的波特假说，从成本遵循和创新补偿两个方面进行分析，前者认为环境规制会促使企业增加污染治理投入，提高成本，挤出相关研发和生产投入，降低产出，对能源利用效率等产生负向影响效应（邵帅等，2022）；后者认为环境规制会刺激企业的技术创新行为（贾俊雪等，2023），提高能源或其他投入品的利用效率（童健等，2016）。从公共管理和行政治理视角，研究认为环境规制可能促进包括企业在内的多个主体的节能减排投资行为，并进一步将其转换为创新升级的动力，进而提高企业能源利用效率。但不同企业之间可能是非对称的（于亚卓等，2021）、相互博弈的，甚至可能是相互竞争的。值得注意的是，这些研究往往基于西方的成熟理论和默认的研究假设，而忽视了中国企业与政府和民众之间的关联，这使得中国环境规制模式的演进可能呈现阶段性特征。

（4）已有研究的不足

根据对上述文献的归纳，目前对环境规制模式的协同演进及其对企业能源利用效率影响效应的研究较为少见。大部分文献仅分析了单一的环境规制模式在一个特定时段内对行业、区域能源利用效率和碳排放等的影响，但这些与本研究关注的环境规制模式协同演进问题存在明显区别。第一，已有研究主要关注单一的环境规制模式的变化及其对能源利用效率的影响效应，这相当于只分析了一个方面，明显不符合中国环境规制模式本身的不断演进和协同的政策实践；第二，已有研究主要截取近 20 年内的一个时段为样本进行分析，这不利于完整地理解我国环境规制模式的动态历史演进；第三，已有研究强调的核心机制仍然是某一环境规制模式的强度变化及其对宏观、行业和区域能源利用效率的整体性影响，忽略了不同类型模式的演进与耦合等环境治理手段协同因素对企业能源利用效率的影响。只有结合模式类型和模式强度进行综合考察，才能更加全面地分析每一种模式和模式协同的影响，二者的理论内涵和政策意义均明显不同，这也是本研究与已有文献的重要差异之一。

此外，已有文献在模式类型识别和强度计量上还存在着两点潜在不足。第一，已有研究主要借助某种环境规制模式下的政策冲击，以政策实施前后的能源利用效率变化构建双重差分法或三重差分法模型，或者以代表性指标衡量某一环境规制模式的强度，利用面板数据模型进行分析。但是，使用这些指标作为强度变量可能面临比较严重的内生性问题，导致因果效应估计偏误。第二，既有研究多使用污染物去除率、环保处罚金额和环保投入资金等指标代表环境规制模式，显然这些指标只反映了环境规制的某一个方面，代表性不强，故环境规制对企业能源利用效率的影响很可能呈现显著的异质性，导致已有研究结论的外部有效性存在一定不足。

本章在一定程度上解决了上述问题。其一，本章在传统单一环境规制模式的基础上，提出一个更为完整且同时包含全流程协同演进逻辑及其对企业能源利用效率影响效应的理论框架。借助该理论框架可以更加全面和清晰地理解中国环境规制模式的协同演进逻辑，以及其对企业能源利用效率的影响机理。其二，本章借助"全流程治理"概念，根据机器学习方法统计测度三种环境规制模式的类型转换和强度变化，揭示新中国成立以来环境规制模式的协同演进逻辑，再构建面板数据模型，尽可能地避免内生性问题对因果效应识别的干扰。其三，本章使用更具有样本代表性的媒体大数据，具体地，选取 1950～2022 年《人民日报》文本资料作为经验证据，该数据覆盖了环境规制模式"全流程治理"和"跨类型协同"两个维度，显著增强样本数据的代表性。

7.1.2 环境规制模式的划分与特征

现有文献并未对环境规制模式进行权威界定，但可以确定的是，环境规制具有两个最基本的性质，即约束性和目的性。理论上，政府、环保组织或其他个体的环境规制行为都是以"环境保护"为目的，并形成约束力量；实践中，约束力量的多维叠加使最终目的得以实现（李青原和肖泽华，2020），但严重降低了规制模式的可划分性（张华，2016）和可观测性。因此，本章需要在重新界定环境规制的基础上，进行模式划分、内涵发掘和协同演进逻辑的理论剖析。

依据社会规制理论，本章将环境规制界定为"通过社会奖惩形成的各种外在的合规压力、内在的价值标准和泛在的文化理念，旨在强化生态环境保护与治理，进而创设一种具有环境导向力量的特殊系统"。基于"全流程治理"视角，本研究将环境规制划分为源头治理、过程治理和末端治理三种模式。依据前章对环境规制的界定，借鉴斯科特新制度主义的综合分析框架，以强制性、规范性和文化-认知性三大核心要素为基础，对每种环境规制模式及其直观特征进行界定分析。

（1）末端治理模式

末端治理是指通过法律法规和条例标准，以政府为实施主体的环境规制模式。这种模式往往是在严重环境污染事件发生时为减少负外部性做出的因应之策和常见选择。例如，"两控区"政策的诱因是"八五"期间，贵阳、重庆、临汾等市年均 SO_2 浓度长期保持在国家二级大气环境质量标准的 5 倍以上；"排水设施使用费"政策的诱因是黄河上游水量大幅度减少、断流严重及流域持续干旱。在我国的末端治理实践中，涉及的相关措施主要有：生态环境部、财政部实施的污染治理补贴类政策；多部门协同实施的排污费条例或法律；生态环境部、财政部、物价主管部门实施的排水设施使用费条例等。

末端治理的实施保障主要来源于规制的强制性和明确性两个维度。前者要求规制承受者必须做出改变以满足规制的要求；后者则明确规定了承受者的行为规范与相应奖惩措施。末端治理具有重结果与赏罚的法治化、精细化、制度化、规范化和高效化等特点。在环境污染事件发生初期，为保证规制的效率，实施主体一般是高度正式化、具有强制执行能力的组织或机构（通常为政府）；承受者则在保证自身利益最大化的条件下，做出工具理性的、自利的服从行为。因此，末端治理模式的实施具有明显的工具性逻辑。因而，在奖惩机制的激励与约束下，权力以强制形式介入，呈现出一种较高稳定性的威权状态。奖惩手段和主体自利目标的普适性使得"末端治理"模式具有不可跨场域和主体的特征，边界止于物质检测空间。

（2）过程治理模式

过程治理是指通过环保舆论、社会监督等手段，以政府和公众为实施主体的环境规制模式。依据代理理论，理想状态下环境规制以权威性和外生性的方式运行，规制双方通过监督保证规制效果。但在社会实践中，环境规制往往会因为行为准则不够明晰，不可避免地存在争议性与模糊性。因此，过程治理的实施主体延伸至公众，且相较末端治理模式，其具有可以避免"以物为本"、更好践行"以人为本"理念的优势，但优势能否充分发挥取决于规制目标和管理制度的明确程度（于亚卓等，2021）。只有当明确程度较高时，过程治理模式的优势才能更充分地发挥；反之，过程治理模式的实施主体会倾向于突破制度约束，构建"行动者的自由余地"，降低制度约束力，甚至使其发展为寻租工具。在过程治理实践中，所涉及的相关措施主要有：财政部、生态环境部等部门制定并主持实施的清洁产业扶持资金、排污权交易和环境信访，以及危险废物规范化管理；生态环境主管部门、最高人民法院、最高人民检察院、发展改革委等协同实施的黄河生态保护治理；税务部门等实施的绿色税费优惠政策等。

过程治理的实施保障主要来源于责任性和义务性两个维度。责任性来自责任规范系统，包括价值观和规范两个部分（张华，2016）。规制实施者对承受者存在规范性期待，并在实践中不断对比规制承受者的行为，形成评价及外在压力，迫使承受者将环境保护概念内化为行为指导。这一过程可以大致分为"期望—评价—固化"三个阶段。义务性是指在过程治理的规范监督下，规制承受者的行动需要与其"角色"相匹配，履行各种环境类义务。过程治理模式具有明显的适当性逻辑，与违反末端治理引起的恐惧感不同，因过程治理涉及他人评价与自我评价，所以违反过程治理时的情绪感受为羞耻感。理论上，相比于末端治理的"纯粹工具性投入"，过程治理需要针对规制承受者的忠诚支付额外的维持成本，但稳定性仍会有所下降；同时，过程治理需要强大的、及时有效的信息支持，这就意味着高昂的财力和不菲的人力成本。因此，需要政府和社会公众的广泛参与，在短时期、小范围内有效减少污染排放，实现美好愿景。囿于财力、人力的不足或时限，过程治理难以长期、大范围地推行，其往往可以跨行动主体但不可跨场域，边界延伸至社会耦合空间。

（3）源头治理模式

源头治理是指通过文化认知进行治理的环境规制模式，一般是在前两种模式实施一段时间后，在社会初步形成文化认知的基础上出现的。源头治理模式重预防，具有"以人为本"和文化-认知特征。规制实施者与承受者在长期适应与选择的过程中，逐渐形成约定俗成的文化认知。此时环保符号体系趋于成熟，不再需要频繁使用工具、仪式等进行巩固，且不同于末端治理的强制性与过程治理的规范性，规制承受者已经认可了环保行为背后的动机与理念，其他违背性行为目的、行为方式等均退出考虑范畴。源头治理具有预防破坏、防患于未然的效果优势，呈现出更强的长期稳定性，但优势能否发挥主要取决于信息的流通性与信息处理的敏捷性。当流通性及敏捷性较差时，源头治理模式的实施可能会导致"有组织的混乱"，即无法进行有效预防，从而产生有制度但无执行的情况。在源头治理实践中，所涉及的措施主要有：生态环境部和财政主管部门主持实施的"三同时"制度、污染治理补贴等。

源头治理的实施保障主要来源于正统性和自觉性两个维度。正统性是指规制承受者之所以愿意遵守规制，是因为他们理所当然地认为环境保护是恰当的目的和方式，环境规制背后的观念和逻辑是正确与可靠的。自觉性是指在文化激励空间，规制承受者具有文化自觉性，更有意愿自觉采取亲环境行为。文化认知是在长期实践中形成的，具有明显的时空与主体特性，这也引致了不同主体实施的灵活性和目标的一致性（刘华军等，2022）。源头治理模式具有明显的正统性逻辑，违反规制的情感逻辑由前两种的"恐惧感、羞耻感"转为失去社会认可的"孤立感"。此时，政府、企业、公众等同时充当规制承受者和实施者。因此，相较而言，源头治理模式更具稳定性和持久性，可以跨场域、跨主体，边界延伸至文化激励空间。

7.1.3 基于综合分析框架的协同演进逻辑

由环境规制的界定可见，这是一个标准的制度体系，因此，本章依据斯科特新制度主义的综合分析框架，从逻辑基础（核心要素、遵循基础、秩序基础、逻辑类型、合法性基础、扩散机制）、作用空间（规制方式、存在空间、作用层面）和效应主体（实施主体、基本意义、主要手段）三大方面12个细分点，揭示三种模式的协同演进逻辑，具体如表7-1所示。

表7-1 三种环境规制模式的协同演进逻辑分析

演进类别		末端治理	过程治理	源头治理
逻辑基础	核心要素	强制性要素	规范性要素	文化-认知性要素
	遵循基础	自利目标	社会责任	社会共识
	秩序基础	强制性规则	规范性监督	建构性图示
	逻辑类型	多方参与的工具性	行为约束的适当性	环境自觉的正统性
	合法性基础	法律法规、条例标准	社会规范	广泛认同的文化与认知
	扩散机制	强制机制	规范机制	自觉机制
作用空间	规制方式	事后处理	事中约束	事前自觉
	存在空间	物质检测空间	社会耦合空间	文化激励空间
	作用层面	无法跨场域和跨主体	跨主体，无法跨场域	跨场域和跨主体
效应主体	实施主体	政府	政府、公众	政府、公众、企业
	基本意义	行政控制下的环境政治正确	规范约束下的公众利益最大化	文化自觉下的行动主体集体效用最大化
	主要手段	制裁、奖惩、准入资格等	环保舆论、社会监督等	共同的环保理念和行动逻辑

（1）逻辑基础演进

从环境规制的驱动逻辑来看，控制污染、预防污染是主要目的。在实施过程中，第一阶段主要采取诸如禁令或排放标准等补救措施，即末端治理模式，但因为实施困难而难以长期作为单一的主要模式（Reynaert，2021）。同时，随着法规与制度的完善，末端治理模式逐渐成为污染治理的基石，而非主要手段。第二阶段，政策工具转变为以市场为基础的工具，如补贴或交易许可证等，即过程治理模式。然而，随着信息流动的加快，需要规制的对象数量激增，环境规制的成本问题仍然难以完全解决。在规制效应和成本的不断权衡中，当人员和预算都不能满足普遍性的规制任务的要求时，社会将改变认知并达成共识，进入第三阶段，即源头治理模式。由以上分析可见，三种模式的演进是自组织演进和政府推动的必然，从核心要素角度分析，从强制性要素，到规范性要素，最后到文化-认知性要素；从遵循基础角度分析，从企业基于自利目标的遵从，到社会责任的履行，直至达成社会共识；从秩序基础角度分析，从强制性规则，到规范性监督，最后形成建构性图示；从逻辑类型角度分析，从多方参与的工具性，到行为约束的适当性，最后达成环境自觉的正统性；从合法性基础和扩散机制角度分析，从法律法规、条例标准等强制性合法机制，到社会规范形成的规范机制，最后达到广泛认同的文化与认知的自觉机制。

（2）作用空间演进

末端治理模式的合法性来源于法律法规和条例标准，这也导致了其作用层面（无法跨场域和跨主体）、规制方式（事后处理）与存在空间（物质检测空间）的局限性，使得末端治理模式下的环境规制往往不可避免地采取"一刀切"的方式，同时随着规制的加强可能会在短期导致企业的退出，带来失业等问题，这意味着公众会有更强的意愿寻找新的管理工具，以弥补末端治理模式的不足。进一步，通过社会耦合空间实施环境治理以减少物质检测空间的成本，实现作用层面的扩大（跨主体，无法跨场域）、规制方式（事中约束）与存在空间（社会耦合空间）的变革。随着信息与监督的作用越来越大，过程治理的边际收益不断下降，企业与公众都有意愿采用更低成本的、手段温和的、通过事前自觉约束的源头治理模式，以逐步取代过程治理模式，作用层面也进一步扩大（跨场域和跨主体），规制方式（事前自觉）与存在空间（文化激励空间）不断演进。

（3）效应主体演进

三种环境规制模式效应主体的演进主要体现在三个方面：实施主体由末端治理模式下的政府为主，到过程治理模式下公众的加入，再到源头治理模式下企业的进入，最终实现了环境规制相关利益主体的全员参与；对环境规制的基本意义的认识也发生了渐进式演化，从行政控制下的环境政治正确，到规范约束下的公众利益最大化，最后形成文化自觉下的行动主体集体效用最大化；同时，主要手段相应地从制裁、奖惩、准入资格等为主，到环保舆论、社会监督等，最后形成共同的环保理念和行动逻辑。至此，具有强制性、高成本的末端治理模式与过程治理模式成为基础与保障，而源头治理模式成为主流，在实践中实现全流程治理。三种模式的逻辑基础、作用空间与效应主体的复杂演进逻辑如图7-1所示。由此提出假说1：

三种环境规制模式（强度和类型）会随着时间推移按照"末端治理—过程治理—源头治理"的顺序协同演进。

7.1.4 理论视角下环境规制模式协同演进对企业能源利用效率的影响效应

作为经济活动的主体，企业在承受环境规制时，因自由意志和实际现状，可能对自身的生产过程和经济效益等产生多重影响效应。这些"意外后果"的原因可以归结为操作失误、设计错误和社会复杂性三种，前两者超出了本章讨论范围，在此不予讨论。"社会复杂性"意味着即便面对同样的事件和场景，不同的政策承受者（企业）也会有不同

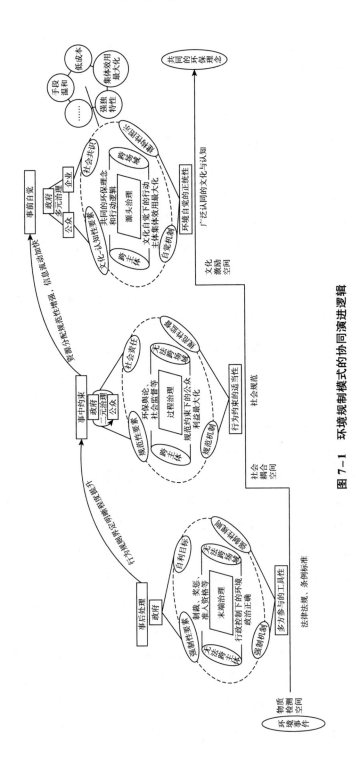

图 7-1 环境规制模式的协同演进逻辑

的理解、判断和行动（韩超等，2021）。这与包括环境规制在内的一系列社会管理活动所崇尚的简化处理信条有所冲突，因此导致一系列宏观视角上"不可预测"的"意外后果"。然而一旦基于微观视角，将不同环境规制模式作为企业行动的政策背景，厘清企业在此背景下的行为发生逻辑，那么规制结果也就变得有迹可循。所以，下面从理论角度剖析环境规制模式及其协同演进对企业能源利用效率的影响效应。

（1）单一环境规制模式的影响效应

①末端治理模式的影响效应。以奖惩为主的末端治理模式意味着企业治污成本的提高，但一般而言，企业对自身的治污成本和技术投入等了解得更详细，属于信息优势方，而政府和公众等利益相关者是信息劣势方。这种信息不对称为企业违背环境规制提供了可能，使逆向选择、道德风险和机会主义等变得不可避免。可见，环境规制"非完全执行"的可能性伴随末端治理模式的设计而诞生，如果任其发展，非但不能提高企业的能源利用效率，反而可能形成"规制失效"的局面，从而陷入"规制陷阱"（He et al.，2020）。因此，末端治理模式具有一定的时效性，当规制效率下降时，社会福利损失随之产生。

②过程治理模式的影响效应。在以监管为主的过程治理模式下，政府和公众通过监管形成外部规制压力，意在使规制主体与规制对象之间形成被动型信息对称，从而保证规制的有效性。依据波特假说，环境治理需要多种政策工具的有效组合，并保持"度"的限制。一旦超过了这个"度"，则可能产生"污染避难所"效应，即规制对象转入其他规制水平较低的地区，污染总量并未发生变化，不仅不利于整体环境治理，也无益于局部环境改善，环境治理效应更不会随之提高；也可能使环境规制在规制对象间产生非对称性影响，打破要素市场均衡，导致资源错配（韩超等，2021），形成与斯科特"弱者的集体无行动"状态相似的局面。这不仅增加了规制成本，甚至损害了规制实施者的权威性，从而形成低效的恶性循环，降低规制有效性（Greenstone et al.，2013）。但在一定社会耦合空间内，由于过程治理的广泛参与性，其具有显著的正向效应。

③源头治理模式的影响效应。采取预防为主策略的源头治理模式将权力下放给规制对象，使企业可以在明确的环境规制目标下，做出符合市场逻辑和自身实际的决策，从而促进企业技术创新，并最终促进环境治理效率的提高。毋庸讳言，这会弥补末端治理和过程治理模式下"一元主导"和"二元治理"的不足，使得规制对象在环境规制决策中，充分利用信息优势，积极主动参与，提高企业落实规制要求的精准性和有效性。尤其是企业在长期、大范围实施过程中不断调整、持续纠正"环境规制政策执行偏差"，采取战略性亲环境行为，改变"合法性"规制的劣势，从而产生正向影响效应。

（2）环境规制模式协同演进的影响效应

由前文可知，末端治理模式具有超过源头治理和过程治理模式的低成本与高效率的优点，尤其是在应对蔓延速度快、危害大和紧急的环境污染类事件时，效果更加显著；但往往也具有单向、强制、刚性、粗放以及实施过程不易控等劣势。过程治理模式往往是末端治理模式实施一段时间后，公众等介入监督和实施过程的环境规制模式，具有重监管、重过程、规范性特征。过程治理模式不再以强制性作为支撑，主要依靠规范性要素保证运行，并作为末端治理模式的补充而存在。过程治理模式的期望效果是规制对象在外部压力的作用下自觉或非自觉提高环境治理投入，降低污染排放，但当制度的承受方处于弱势时，往往会采取某些非正式的、微妙的抵制策略（Wang et al.，2018）。源头治理模式实施的条件是环保文化理念等均已基本形成，企业等已经充分认可了环境规制的作用。这种模式不需要采用末端治理模式下的强制性命令与过程治理模式下的规范性监督等，就可以充分发挥各个参与主体的积极性，及时预防可能出现的环境污染，提高能源利用效率。但源头治理模式的实施条件十分苛刻，要求的不是一部分人或者大多数人的认可和执行，而是所有人能提前行动。换言之，该模式下的环境规制涵盖所有的社会奖惩及其相应的价值标准和文化理念，手段可能是多样的、复杂的、系统的，但作用力量是连续的、矢量的、一致的；一端是严格依法实施的、有意识的符号化规制模式，另一端则是行为自觉的、无意识的去符号化规制模式。

对比可知，每一种环境规制模式都有其优点和不足，而且，每一种环境规制模式的成功实施都有各自的前提条件，在协同演进的条件下，在可预见的未来，三种模式相互补充、相互支持，能够更好地促进企业提高能源利用效率，由此提出假说2：

环境规制模式的协同演进能够显著地促进企业能源利用效率的提高。

7.2　环境规制模式的统计测度与协同演进

7.2.1　环境规制模式的测度方法探索

本章针对三种环境规制模式的特征，以及协同演进研究现实依据的科学性，选择机器学习方法对相关文本进行分析。

语言被认为能够反映群体的认知、偏好和个性，同时，随着大数据时代的到来，越来越多的研究者可以通过先进的软件分析实验对象的海量语言，使用词语类型和词频等来捕捉特质、发现规律等。主要有以下5个步骤：信息的文本化过程；文本挖掘与知识提取；建立语料库；形成机器学习的评价标准；对文本进行评分。每个步骤具体的处理方式如下。

①信息的文本化过程。环境规制内涵丰富，表达形式复杂多样，需要对政府政策、社会舆论和企业表现等进行考察和分析。之所以选择《人民日报》作为文本源，是因为《人民日报》是党中央的机关报，承担着宣传党的理论和路线方针政策、宣传中央的重大决策部署、及时传播国内外各领域的信息等重要职责。换而言之，《人民日报》的选题与论述涵盖了我国发展过程中的重大事件和决策转变，可以从中观察出经济社会发展与民间舆论变化的大致脉络，同时，《人民日报》1946~2022年的全部文本均可以进行下载、存储、分析。因此，本研究将《人民日报》作为文本来源。

②文本挖掘与知识提取。建立环境规制的语料库，并通过自然语言学习得到环境规制中"环境"的含义，初步对 1946～2022 年《人民日报》中含有"环境"的文本进行筛选，保留相关度超过 60% 的文本，去除"营商环境""政治环境"等与"环境"相关的文本，进而精准提取出分析所需文本。

③建立语料库。因本研究使用的"末端治理""过程治理""源头治理"的表述与水利、工程等具有流程意义的"末端""过程""源头"并不完全相同，而是具有更为复杂的含义，在表达中可能使用不同的词语，"法律""监管""文化"等高度抽象的概念也可能被细化或具化为不同的、更加贴近社会实践的表达方式。为确保信息的准确性和完备性，本研究将建立"论文语料库"和"新闻报道语料库"。

建立论文语料库。基于中国知网（CSSCI 期刊）平台，将前文关于三种环境规制模式特征的词语作为主题词进行关联词搜索，同时，为消除这一语料库的语言结构与《人民日报》的新闻、社论等常见文本的差别，进一步去除作者和期刊信息、参考文献部分，以及研究方法类的关键词、共有词等，最后得到三种环境规制模式独有的高度关联词，并保留前 10 个关联词。

建立新闻报道语料库。基于生态环境部官网[①]，分别以三种环境规制模式特征、知网论文的 10 个关联词语为主题词进行搜索，使用 Python 爬虫软件获取全文，并以此构建三种环境规制模式的新闻报道语料库。

④形成机器学习的评价标准。使用上文构建的新闻报道语料库，通过对三种环境规制模式语料库的自然语言机器学习，确认 ER_1、ER_2、ER_3[②] 的语言特性，形成 ER_1、ER_2、ER_3 的评价标准。

---

① 生态环境部有负责建立健全生态环境基本制度、统筹协调重大生态环境问题、监督管理国家减排目标的落实等职责。官方网站设置"信息公开""政策文件""法规标准""要闻动态""环境质量""业务工作""政务服务""专题专栏"八个模块，与《人民日报》内容分类、报道方式和语言风格相似。

② ER_1、ER_2 和 ER_3 分别对应末端治理模式、过程治理模式和源头治理模式。

⑤对文本进行评分。通过上文构建的评价标准，进行数据统计和对比分析，计算《人民日报》环境文本的相关性，进而得出三种类型环境规制的评分。

7.2.2 环境规制模式的统计测度

本研究收集了《人民日报》1946 年 1 月 1 日至 2022 年 12 月 31 日的所有文本数据，但由于 1946~1949 年没有"环境规制"相关含义的文本，故选用 1950~2022 年的文本作为数据分析来源，以"环境"为主题词进行提取，共得到 206679 条记录，通过自然语言学习确定与"环境规制"相关度超过 60% 的文本，保留 70718 条文本数据，再通过人工筛选，继续去除相关度较低的文本，得到本研究分析使用的 61208 条文本数据，分年进行统计，如图 7-2 所示。

由图 7-2 可见，1950~1976 年环境规制相关文本数量较少且变化不大，1977~1994 年文本数量波动增长，但仍低于 500 条，1999 年（1175 条）突破 1000 条，2004 年（2072 条）超过 2000 条，2016 年（3006 条）超过 3000 条，最高是 2018 年（3034 条），2022 年有 2951 条相关文本。1950~2022 年，文本数量呈现波动上升态势，清晰表明我国对环境规制的重视程度越来越高。

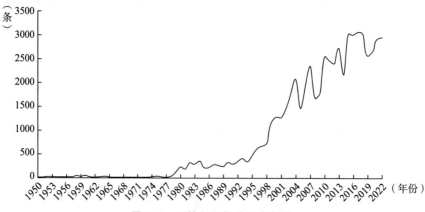

图 7-2 环境规制相关文本数量

将"环境规制"作为主题词1，将三种环境规制模式的特征作为主题词2，在中国知网（CSSCI 期刊）上进行搜索，建立论文语料库，搜索结果如表7-2所示。论文语料库中的前10个关联词确实契合三种环境规制模式的特征。

表7-2　论文语料库搜索情况

规制模式	主题词1	主题词2（条数）	前10个关联词
ER_1	环境规制	法律（172）、强制性（11）、赏罚（0）、规则（45）、奖惩（5）、准入资格（0）、制裁（4）、物质检测（0）、工具性（0）	风险、制度、行政、政策、立法、环境法、保障、执法、程序、司法
ER_2		监管（73）、社会责任（86）、社会耦合（2）、监督（73）、规范性（1）、适当性（1）、舆论（10）、道德（4）	投资、披露、管理、媒体、引导、金融、融资、声誉、公开、信贷政策
ER_3		文化（24）、自觉（0）、建构性（1）、正统性（0）、环保理念（0）、认知（37）	行为、意愿、感知、协商、创业、服务、理念、伦理、防治、教育

进入生态环境部网站，搜索得到三种环境规制模式的相关文本（若存在附件则下载附件并转换为文本），建立新闻报道语料库，搜索结果如表7-3所示。新闻报道语料库的主题词也与三种环境规制模式的特征密切相关。

表7-3　新闻报道语料库搜索情况

ER_1		ER_2		ER_3	
主题词	搜索数量（条）	主题词	搜索数量（条）	主题词	搜索数量（条）
末端治理	333	过程治理	4364	源头治理	2594
法律	6562	监管	9935	文化	2862
强制性	1347	社会责任	7953	自觉	2124
赏罚	4	社会耦合	347	建构性	5
规则	1263	监督	15791	正统性	0
奖惩	522	规范性	6915	环保理念	5137

续表

ER_1		ER_2		ER_3	
主题词	搜索数量（条）	主题词	搜索数量（条）	主题词	搜索数量（条）
准入资格	292	适当性	1221	认知	197
制裁	71	舆论	899	行为	6745
物质检测	1102	道德	693	意愿	416
工具性	705	投资	5231	感知	123
风险	6038	披露	562	协商	942
制度	10330	管理	27158	创业	789
行政	7950	媒体	2746	服务	7881
政策	7633	引导	3979	理念	4061
立法	1218	金融	1576	伦理	54
环境法	24713	融资	1099	防治	12924
保障	8998	声誉	62	教育	4775
执法	6223	公开	8564		
程序	6298	信贷政策	811		
司法	1607				

通过对三种环境规制模式的论文语料库和新闻报道语料库进行自然语言学习，内化形成机器学习的评价标准，确认三种环境规制模式的语言特征。进而使用自然语言学习比较不同环境规制模式的新闻报道语料库与《人民日报》研究文本之间的相关度，并将得分逐条分年累加，得到各年三种环境规制模式的强度。换言之，每种环境规制模式的强度同时受年文本条数与相关度的影响。对不同环境规制模式强度的占比进行计算，结果如图7-3所示。

由图7-3可见，在1950~2022年，环境规制的模式及其强度不断演进，总体而言，初期末端治理强度占比较高、源头治理强度占比较低，到2022年，情况恰恰相反。

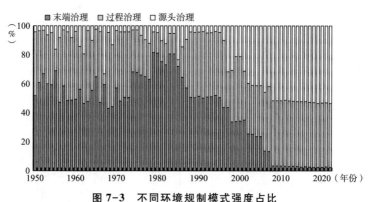

图 7-3 不同环境规制模式强度占比

7.2.3 环境规制模式的协同演进

环境规制模式通过可见的或不可见的"手"的作用可能呈现出有迹可循的协同演进特征。因此，为按"迹"揭示和厘清这一理论上存在的协同演进特征，对《人民日报》进行"环境规制"的文本分析。环境规制模式呈现出阶段性特征，如图7-4所示。

结合图7-3与图7-4可知，环境规制模式的协同演进过程可分为四个阶段，具体如下。

①第一阶段是1950~1973年，新中国成立初期"以保障卫生和生产为主"的环境规制模式。这一阶段三种环境规制模式不断变动，以末端治理和过程治理模式为主，但此阶段环境规制受到的重视相对较少，故单一文本的权重和波动性相对较大。

②第二阶段是1974~1990年，"以环境立法和环保惩治为主"的环境规制模式。这一阶段呈现出明显的变动趋势，总体以末端治理模式为主，但过程治理与源头治理模式的重要性在后期明显提升。

③第三阶段是1991~2005年，"以加强环境监管和鼓励环保产业为主"的环境规制模式。从1991年开始，环境规制的关注度进一步提高，且过程治理模式逐渐替代末端治理模式成为最主要的环境规制模式，这一阶段源头治理模式强度的占比也有所提升。

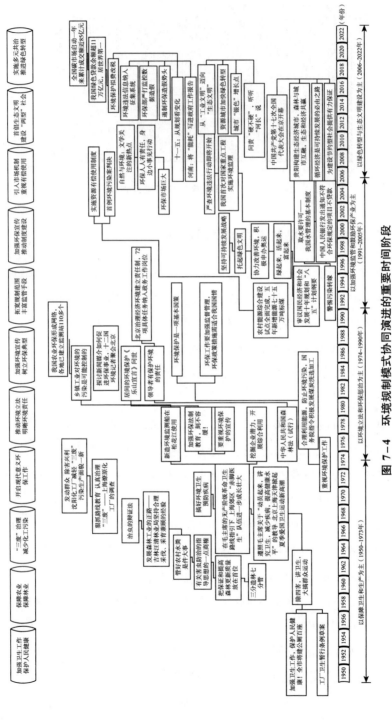

图 7-4 环境规制模式协同演进的重要时间阶段

④第四阶段是 2006~2022 年，"以绿色转型与生态文明建设为主"的环境规制模式。这一阶段，随着生态文明建设理念的提出，三种环境规制模式基本稳定，呈现出末端治理模式强度占比最低、过程治理模式次之、源头治理模式强度占比最高的特点。这进一步验证了我们对环境规制模式协同演进逻辑的理论分析（假说 1），即阶段转换时往往从末端治理模式的调整开始，最终落脚于源头治理模式重要性的提升。近年随着"预防为主，防治结合"理念的深入，源头治理和过程治理模式得到发展和推广。

7.3 环境规制模式协同演进对企业能源利用效率的影响效应

7.3.1 研究设计

（1）模型设计

环境规制的影响效应具有多样性，如对能源消费、经济产出、技术创新、污染物排放等都可能产生影响。其中，讨论最多的、相对而言也获得一致认可的是环境规制的经济效应、能耗效应和环境效应。在此，采用兼具三者特性且国际通用的企业能源利用效率指标作为环境规制模式影响效应的替代指标，其被誉为第五种能源，也是政府部门能耗"双控"的关键指标之一。为考察三种环境规制模式对企业能源利用效率的影响效应，分四个步骤展开实证检验：①估计单一环境规制模式的影响效应；②研究不同环境规制模式的协同对企业能源利用效率的影响效应；③比较不同环境规制模式及其协同效应的产权异质性。同时，为了实现"宏观模式"与"微观效应"的可比，使用与宏观变量相对应的微观数据进行考察。

$$EE_{it} = \beta_0 + \beta_1 ER_{it} + \delta X_{it} + \mu_i + v_t + \varepsilon_{it} \tag{7-1}$$

其中，i，t 分别代表区域和年份；EE 为企业的能源利用效率；ER

为环境规制模式；X 为一系列控制变量，包含企业所在地区域层面的产业结构（Ind）、腐败（$Corr$）、财政分权（FD）、人口密度（PD）、失业率（UR），以及企业层面的技术创新（Inv）、人均收入水平（IY）和外商直接投资（FDI）；μ_i 和 v_t 分别为地区、时间固定效应，ε_{it} 表示随即扰动项。在此主要考察 β_1 的大小和正负，其刻画了不同环境规制模式对能源利用效率的影响效应。具体地，如果 $\beta_1>0$，说明环境规制模式促进了企业能源利用效率的提高；反之亦然。且 β_1 的绝对值越大，表明其影响程度越高。如果三种环境规制模式下的 β_1 不相等，说明三种不同环境规制模式对企业能源利用效率具有不同的影响效应。

（2）变量处理

将以《人民日报》文本数据为数据源进行统计测度的三种环境规制模式作为主解释变量，下面主要对被解释变量和控制变量进行描述。

第一，被解释变量。被解释变量为能源利用效率（EE），以企业产值与能源消费总量（不同种类能源消耗折算为标准煤）的比值进行测度（企业产值/能源消费总量）。

第二，控制变量。由于能源利用效率不仅受企业本身的一些固有特征的影响，也会受到区域特征的影响，因此，控制变量的选择从区域层面和企业层面进行考量。

区域层面的控制变量如下。①产业结构（Ind）。以产业结构合理化为替代指标。具体地，使用泰尔指数的倒数进行度量，泰尔指数为：

$$Ind = \sum_{i=1}^{3}\left(\frac{Y_i}{Y}\right)\ln\left(\frac{Y_i}{L_i}\Big/\frac{Y}{L}\right) \tag{7-2}$$

其中，Y 表示产值，L 表示就业，$i=1$，2，3 分别表示第一产业、第二产业和第三产业，Y/L 表示生产率，当经济均衡时，$Y_i/L_i = Y/L$，泰尔指数为 0；泰尔指数的数值越大，产业越偏离均衡状态，产业结构越不合理。为便于观察，使用泰尔指数的倒数进行测度。

②腐败（$Corr$）。现有文献对"腐败"的测度方式主要有两种：一是主观评价法，如透明国际的"腐败感受指数"、世界银行的"国际商

业指数"（张华，2016）等；二是客观估计法，如各类司法指标。前者主要用于制度变迁中的腐败研究，后者被认为在实证研究中有更好的客观性和说服力，因此，使用各区域人民检察院每年立案侦查的贪污、受贿和渎职等案件数度量腐败。

③财政分权（*FD*）。现有文献对财政分权的度量存在较大争议，主要包括三类指标：支出指标、收入指标和财政自主度指标。其中，支出指标的使用频率最高，且主要以区域预算内财政支出的全国占比或中央本级财政支出的占比来测度。囿于数据可得性，本章使用后者进行度量。

④其他控制变量。参照张华（2016）的工作，在控制变量集合中也引入人口密度（*PD*）和失业率（*UR*）。具体地，人口密度以各地区年末人口总数与辖区面积的比值进行衡量；失业率以各区域城镇人口登记失业率进行衡量。

企业层面的控制变量如下。①技术创新（*Inv*）。创新在现有研究中常常被认为是影响能源利用效率的最重要因素之一（李青原和肖泽华，2020），受数据可得性限制，也为了保证衡量的精确性，本章使用企业专利申请授权数进行度量。

②人均收入水平（*IY*）。以平准至 2001 年的企业应发工资/年末员工数进行衡量。

③外商直接投资（*FDI*）。囿于数据可得性，使用平准至 2001 年的企业外商直接投资额进行度量。

（3）数据来源与统计描述

区域层面的数据主要来自《中国环境年鉴》《中国统计年鉴》《中国检察年鉴》《中国城市统计年鉴》《中国能源统计年鉴》，以及 EPS 数据库和各地政府公告、检察院公告。同时，囿于数据可得性，采用 2001~2014 年中国 29 个省份（不含西藏、新疆、香港、澳门、台湾）的面板数据为区域数据分析样本。企业层面数据，将 2001~2014 年中国工业企业数据库与中国工业企业污染数据库进行匹配，将存续期为两年及以上的企业作为研究样本，数据库匹配的样本量分布情况如表 7-4 所示。

表7-4 中国工业企业污染数据数据库与中国工业企业数据库匹配样本量

单位：家

省份	2001年	2002年	2003年	2004年	2005年	2006年	2007年	2008年	2009年	2010年	2011年	2012年	2013年	2014年
北京	461	417	402	414	400	460	493	420	404	485	455	438	467	416
天津	803	790	776	828	719	814	851	902	841	1112	1027	1030	1308	1416
河北	1202	1155	1268	1418	1421	1452	1922	1929	1982	2450	2944	2964	3347	2217
山西	1029	1197	1228	1543	1448	1611	1738	1457	1234	1738	1792	1856	1823	1382
内蒙古	411	406	432	635	624	772	912	839	756	1146	1359	1346	1330	1008
辽宁	1229	1219	1241	1433	1667	2104	2540	2321	2259	2562	2926	2890	2791	2024
吉林	513	510	503	565	506	493	537	557	532	668	738	764	753	523
黑龙江	594	616	567	579	556	572	662	645	575	697	783	805	777	601
上海	1176	1119	1017	1124	1093	1250	1237	1300	1015	1221	1367	1400	1369	1359
江苏	2673	2803	3063	3617	3656	3824	4729	4918	3992	5466	6202	6316	6229	5163
浙江	2538	2783	2896	3713	3673	4001	6195	6251	6036	7251	6560	6724	6613	5843
安徽	757	776	790	854	853	412	1294	1299	1167	1668	2550	2760	2918	2034
福建	1535	1672	1835	2004	2054	2079	3129	2857	2631	3346	3014	3134	3206	2003
江西	561	554	547	731	766	904	1165	1106	901	1642	1865	1980	1941	1423
山东	2732	2725	2749	2984	3052	3208	3495	3297	3429	3727	4449	4464	4456	3387
河南	1521	1123	1124	1688	1461	1534	1664	1704	1686	2349	2914	2894	2911	1890
湖北	1045	1079	1136	1297	1293	1375	1529	1479	1244	1815	2030	2158	2212	1519

续表

省份	2001 年	2002 年	2003 年	2004 年	2005 年	2006 年	2007 年	2008 年	2009 年	2010 年	2011 年	2012 年	2013 年	2014 年
湖南	1164	1147	1301	1545	1617	1661	1897	1685	1726	27	2568	2639	2298	1089
广东	3333	3391	3370	3730	3642	3815	6049	6245	5607	6637	6689	6737	6997	5841
广西	756	738	803	942	999	1049	1283	1283	1183	1589	1413	1396	1386	906
海南	114	110	113	119	121	117	117	113	107	122	131	129	134	139
重庆	657	655	660	710	714	823	1043	1202	1068	1290	1076	1100	1163	717
四川	1406	1551	1658	1992	2045	2477	2860	2620	2272	2759	3020	3152	3054	1801
贵州	582	624	663	852	890	901	935	894	792	1462	1065	1202	1099	471
云南	625	640	673	785	788	895	939	516	538	888	1239	1355	1302	834
陕西	748	810	846	943	928	924	1316	1081	1003	0	1334	1310	1312	915
甘肃	493	463	479	479	432	496	534	438	414	536	505	569	585	432
青海	86	93	101	137	117	132	155	141	121	219	194	202	204	177
宁夏	123	137	142	181	203	233	271	258	209	314	325	310	311	310
合计	30867	31303	32383	37842	37738	40388	51491	49757	45724	55186	62534	64024	64296	47840

由表 7-4 可见，2001～2014 年，匹配的样本量呈波动上升的趋势，各个省份之间差异较大，从平均值看样本企业匹配数量最高的是广东（5149 家），最低的是海南（120 家），最高的省份（广东）是最低的省份（海南）的 42.75 倍。主要变量的描述性统计如表 7-5 所示。

表 7-5 主要变量的描述性统计

变量类型	变量	计量单位	平均值	标准差	最小值	最大值
被解释变量	EE	万元/吨标准煤	30.1582	6802.1732	0.3890	8005.9644
主解释变量	ER_1		213.5631	121.2375	0.0886	587.0976
	ER_2		347.0936	485.7137	0.0109	1660.4475
	ER_3		363.2585	579.8699	0.0494	1976.8214
控制变量	Ind		0.2536	0.1548	0.0138	0.8771
	Inv	件	9.3953	1.6996	4.8203	13.3500
	FDI	千万元	1.8904	17.1732	0.0000	1571.2989
	$Corr$	件	1258.9690	759.2300	83.0000	4068.0000
	FD	%	5.0156	3.0065	1.1808	14.9203
	IY	万元	1.4585	0.8358	0.4725	5.8988
	PD	人/平方千米	374.3182	401.7427	2.4527	2309.7323
	UR	%	3.5646	0.7186	0.7600	6.5000

7.3.2 回归结果分析

（1）基准回归结果

①单一模式的基准回归结果。

列（1）至列（3）采用随机效应模型，分别验证三种环境规制模式对企业能源利用效率的影响效应，回归结果如表 7-6 所示。

表 7-6 影响效应的基准回归

变量	（1）	（2）	（3）	（4）	（5）	（6）
ER_1	-0.0705*** (0.0014)			-0.0676*** (0.0014)		

续表

变量	（1）	（2）	（3）	（4）	（5）	（6）
ER_2		0.1569 *** (0.0019)			0.1273 *** (0.0020)	
ER_3			0.1551 *** (0.0019)			0.1231 *** (0.0020)
Ind				−0.2800 *** (0.0097)	−0.2022 *** (0.0096)	−0.2087 *** (0.0096)
Inv				0.0236 *** (0.0008)	0.0150 *** (0.0008)	0.0161 *** (0.0009)
FDI				0.0094 *** (0.0004)	0.0091 *** (0.0004)	0.0092 *** (0.0004)
Corr				−0.1027 *** (0.0024)	−0.0835 *** (0.0025)	−0.0843 *** (0.0025)
FD				0.0294 *** (0.0009)	0.0394 *** (0.0016)	0.0377 *** (0.0011)
IY				0.0238 *** (0.0003)	0.0221 *** (0.0003)	0.0218 *** (0.0003)
PD				0.0586 *** (0.0015)	0.0563 *** (0.0015)	0.0563 *** (0.0015)
UR				−0.0202 ** (0.0080)	0.0582 *** (0.0082)	0.0487 *** (0.0081)
R^2	0.5183	0.5233	0.5996	0.7981	0.6632	0.6193
时间效应	控制	控制	控制	控制	控制	控制
地区效应	控制	控制	控制	控制	控制	控制
观测值	651752	651752	651752	651752	651752	651752

注：*、**、***分别代表在10%、5%和1%的水平下显著，括号内为标准误，下同。

在表7-6中，各变量均至少在5%的水平下显著，由列（1）、列（4）可知，末端治理模式对企业能源利用效率的影响为抑制效应（系数分别为−0.0705和−0.0676），意味着严格的环境规制可能导致企业的逆向选择，降低能源利用效率；由列（2）、列（5）可知，过程治理模式对能源利用效率具有促进作用（系数分别为0.1569和0.1273），这与前文理论分析相符，即过程治理模式虽然有一定的成本，但在微观层面的个体企业中仍有较好的效果；由列（3）、列（6）可知，源头治理模式对能源利用效率具有促进作用（系数分别为 0.1551 和 0.1231）。可见，三种环境规制模式对能源利用效率的影响具有明显的异质性。

②协同模式的基准回归结果。

在现实条件下，不同的环境规制模式是共同作用于企业的，那么讨论三种环境规制模式的 4 种协同效应就更具现实意义。结果如表 7-7 所示。

表 7-7　不同环境规制模式的协同效应

变量	（1）	（2）	（3）	（4）
$ER_1 \times ER_2$	−0.0058 （0.0014）			
$ER_1 \times ER_3$		0.0028* （0.0015）		
$ER_2 \times ER_3$			0.0629*** （0.0010）	
$ER_1 \times ER_2 \times ER_3$				0.0300*** （0.0010）
Ind	−0.2252*** （0.0098）	−0.2271*** （0.0098）	−0.2054*** （0.0096）	−0.1907*** （0.0097）
Inv	0.0161*** （0.0008）	0.0163*** （0.0009）	0.0155*** （0.0008）	0.0124*** （0.0008）
FDI	0.0079*** （0.0004）	0.0080*** （0.0004）	0.0091*** （0.0006）	0.0078*** （0.0004）
Corr	−0.1007*** （0.0025）	0.0100*** （0.0005）	−0.1009*** （0.0025）	−0.0916*** （0.0024）
FD	−0.1135*** （0.1548）	−0.0838**** （0.0025）	0.0256*** （0.0003）	0.0245*** （0.0003）
IY	0.0255*** （0.0003）	0.0220** （0.0003）	0.0564*** （0.0016）	0.0553*** （0.0015）
PD	0.0564*** （0.0016）	0.0562*** （0.0015）	−0.0598*** （0.0080）	−0.0222** （0.0081）
UR	−0.0592*** （0.0080）	0.0539*** （0.0081）	0.7254*** （0.0564）	0.8986*** （0.0572）
R^2	0.4136	0.4119	0.5142	0.4305
时间效应	控制	控制	控制	控制
地区效应	控制	控制	控制	控制
观测值	651752	651752	651752	651752

由表 7-7 可知，末端治理与过程治理模式的协同呈现出负向效应（系数为-0.0058），但统计不显著，可能的原因在于，规制执行环节，政府奖惩和公众监管由不同的部门执行，执行能力与意愿的不对应使环境规制在社会实践过程中出现偏差。末端治理与源头治理模式的协同呈现出显著的促进效应（系数为 0.0028），即这两种模式的并行可以有效促进企业能源利用效率的提升，这一结论进一步证明了治理两端的可行性。过程治理与源头治理模式的协同及三种模式的协同均在 1% 的水平下，显著促进能源利用效率的提高（系数分别为 0.0629、0.0300），且促进效果高于末端治理与源头治理模式的协同，证明了源头治理模式的可行性和协同性较强，与假说 2 十分契合，主要原因也可能在于我国现阶段的环境综合治理，尤其是源头治理起步晚，边际效用仍处于相对较高的阶段，因此，多模式协同可以很好地提高环境规制整体效果。

（2）稳健性检验

①替换被解释变量。

环境规制的最直接目标就是优化环境，因此在稳健性检验中，采用最具代表性的碳排放强度（CE）替换能源利用效率进行验证。

$$CE = QF/IG \tag{7-3}$$

其中，Q 为碳排放源的活动水平；F 为单位碳排放因子，本章使用 IPCC2006 的碳排放系数标准；IG 以平准至 2001 年的企业产值作为衡量指标。可见，碳排放强度（CE）为负向指标，与 EE 相反，因此，若环境规制模式对 CE 与 EE 的作用方向相反，则可以证明上述结论的稳健性。经对比，采用随机效应模型，计算结果如表 7-8 所示。在更换被解释变量的条件下，研究结论依然保持稳健。

表 7-8 碳排放强度对能源利用效率的影响效应

变量	(1)	(2)	(3)
ER_1	0.1143 *** (0.0016)		

续表

变量	（1）	（2）	（3）
ER_2		−0.0714 *** （0.0019）	
ER_3			−0.2330 *** （0.0044）
Ind	−0.0981 *** （0.0080）	−0.0492 *** （0.0082）	0.0130 *** （0.0009）
Inv	0.0088 *** （0.0009）	0.0112 *** （0.0011）	0.0086 *** （0.0005）
FDI	0.0105 *** （0.0005）	0.0115 *** （0.0013）	0.0076 *** （0.0004）
$Corr$	0.0089 *** （0.0004）	0.0092 *** （0.0000）	−0.0720 *** （0.0023）
FD	−0.1323 *** （0.0026）	0.0343 *** （0.0019）	0.0242 *** （0.0003）
IY	0.0250 *** （0.0003）	0.0522 *** （0.0076）	0.0258 *** （0.0019）
PD	2.0952 *** （0.9031）	−0.0096 *** （0.0023）	0.0365 *** （0.0076）
UR	0.8710 *** （0.0386）	0.6382 *** （0.0221）	−0.0040 （0.0023）
R^2	0.8135	0.8196	0.8217
时间效应	控制	控制	控制
地区效应	控制	控制	控制
观测值	651752	651752	651752

②替换样本数据。

为检验研究结论的稳健性，本章进一步从区域的角度，将每个省份视为一个整体，测算环境规制模式对能源利用效率的影响效应，结果如表7-9所示。

表7-9 环境规制模式对整体能源利用效率的影响效应

变量	（1）	（2）	（3）
ER_1	−0.0188 *** （0.0009）		
ER_2		0.0457 （0.0780）	
ER_3			0.0445 ** （0.0083）
Ind	1.0505 * （0.4481）	1.0631 * （0.4440）	1.0072 * （0.4481）

续表

变量	（1）	（2）	（3）
Inv	0.0073（0.1100）	0.0052（0.1092）	0.0145（0.1091）
FDI	-0.0881（0.0569）	-0.0852（0.0570）	-0.0826（0.0572）
Corr	-0.2812*（0.1361）	-0.2871*（0.1364）	-0.2778*（0.1363）
FD	-0.9770***（0.2943）	-1.0142***（0.2704）	-1.0061***（0.2642）
IY	-0.2762（0.3701）	-0.3052（0.3581）	-0.3007（0.3561）
PD	2.0952*（0.9031）	2.1250*（0.8933）	2.0421*（0.8952）
UR	-0.2131（0.3082）	-0.2123（0.3071）	-0.2121（0.3060）
R^2	0.8004	0.8006	0.8007
时间效应	控制	控制	控制
地区效应	控制	控制	控制
观测值	493	493	493

由表7-9可见，结论本身基本是一致的；但就影响程度而言，三种模式对于个体企业的影响远远大于对区域整体能源利用效率的影响，这可能是因为工业企业是环境规制的重点作用对象，故环境规制对其他用能主体的影响效应相对较弱，研究结论的稳健性得到进一步证实。

（3）宏观角度的稳健性检验

为进一步检验结论的稳健性，借鉴张华（2016）等的做法，替换主解释变量的测度方式，以国家层面数据衡量环境规制模式，具体方法如下。

①末端治理模式（ER_1）。末端治理的工具理性在三种模式中最突出，表现为实践中的"结果导向"和"奖惩为主"。现有文献中，度量环境规制效果的变量以污染物（SO_2、VOCs等）减排量为主；奖惩的相关指标主要有排污税、不法利益追缴款总额、企业缴纳环境税总额以及其他综合评价指标体系等。对末端治理模式进行分析可以发现，以环境规制结果为导向进行指标构建，难以有效回应"纸面伪绿"的质疑。因此，为保证结果的科学性和可推广性，借鉴杨海生等（2008）和李后建（2013）的做法，使用以"奖惩为主"的特征变量，即将排污费收入总额作为末端治理模式的衡量指标。

②过程治理模式（ER_2）。过程治理在结构性视角下依适当性逻辑运行，在能动性视角下则表现为"监管为主"的政策模式。现有文献中，主要通过两类指标对环境监管进行度量：一种是对监管效果的度量，如排污费、关停并转迁企业数、当年完成治理的项目数等，但此类方法的"计量所得"可能并非全由监管所致，而是多种治理方式共同作用的结果（张平等，2016）；另一种是对监管行为的度量，如环境污染负面曝光量、监督检查次数、监管的人力和财力投入，以及企业污染上报量等。由于数据可得性，使用环境检测机构人员数作为过程治理模式的衡量指标，也恰好以此为依据，验证前文中指出的，大范围开展过程治理需要较高的维持成本，因此终将囿于财力或人力不足而只能在多主体之间执行，无法跨场域。

③源头治理模式（ER_3）。源头治理在结构性视角下以建构性图示为指引，在实践中表现出"预防为主"的特征。现有文献中，常用的测度"预防"的指标有地方政府环保投入、百度环境指数、地方政府预防环境污染提案数和提案中预防相关关键词的文本等。源头治理模式在三种治理模式中，规制实施者最强、规制稳定性最强，而单一指标的时空可拓性较差，在此借鉴张华（2016）的研究，以单位工业增加值的工业污染治理投资额与单位 GDP 工业增加值之比作为源头治理模式的衡量指标。

三种环境规制模式测度的数据主要采用官方公布的数据：《中国统计年鉴》和《中国环境统计年鉴》以及 29 个省份的地方统计年鉴。计算单一环境规制模式对能源利用效率的影响效应，回归结果如表 7-10 所示。

表 7-10　单一环境规制模式对能源利用效率的影响效应——改变
环境规制模式测度方法

变量	（1）	（2）	（3）	（4）	（5）	（6）
ER_1	−0.0354*** (0.0013)			−0.0753*** (0.0049)		
ER_2		0.0062*** (0.0013)			0.0386*** (0.0037)	

变量	（1）	（2）	（3）	（4）	（5）	（6）
ER_3			1.7913***			4.5720***
			（0.0388）			（0.7361）
Ind				0.0113***	0.0114***	0.0114***
				（0.0001）	（0.0001）	（0.0001）
Inv				0.0085***	0.0084***	0.0083***
				（0.0005）	（0.0005）	（0.0005）
FDI				0.0142***	0.0143***	0.0143***
				（0.0004）	（0.0004）	（0.0004）
Corr				−0.0115	0.0075	−0.0053
				（0.0086）	（0.0087）	（0.0086）
FD				0.0491***	0.0377***	0.0380***
				（0.0024）	（0.0023）	（0.0023）
IY				0.0133***	0.0133***	0.0134***
				（0.0010）	（0.0010）	（0.0010）
PD				1.002***	0.9740***	1.0580***
				（0.0940）	（0.0944）	（0.0939）
UR				−0.0335	−0.0814***	−0.1030***
				（0.0208）	（0.0204）	（0.0205）
R^2	0.8207	0.8211	0.8198	0.6590	0.6572	0.5583
时间效应	控制	控制	控制	控制	控制	控制
地区效应	控制	控制	控制	控制	控制	控制
观测值	651752	651752	651752	651752	651752	651752

由表7-10可见，末端治理模式对能源利用效率在1%的水平下有显著的抑制作用（系数为−0.0354和−0.0753），意味着随着严格处罚政策的实施，能源利用效率将降低；过程治理模式对能源利用效率在1%的水平下有显著的促进作用（系数为0.0062和0.0386），意味着过程监管政策使能源利用效率提高；源头治理模式对能源利用效率在1%的水平下有显著的促进作用（系数为1.7913和4.5720），意味着源头治理政策能使能源利用效率提升。三种环境规制模式对能源利用效率的影响具有明显的异质性，研究结论再次得到证实。

进一步计算三种环境规制模式的协同对能源利用效率的影响效应，回归结果如表7-11所示。

表7-11 环境规制模式的协同对能源利用效率的影响效应——改变环境规制模式测度方法

变量	宏观（2001~2014年）					微观（2001~2014年）		
	(1)	(2)	(3)	(4)	(5)	(6)	(7)	(8)
$ER_1 \times ER_2$	-0.0015 (0.0061)				-0.2971*** (0.0065)			
$ER_1 \times ER_3$		0.0014 (0.0054)				0.3000*** (0.0080)		
$ER_2 \times ER_3$			0.0023 (0.0073)				0.3629*** (0.0104)	
$ER_1 \times ER_2 \times ER_3$				0.0001 (0.0007)				0.0343*** (0.0008)
Ind	0.0121 (0.0168)	0.0368*** (0.0101)	0.0579*** (0.0137)	0.1401*** (0.0192)	0.2236*** (0.0311)	0.3836*** (0.1059)	0.7318*** (0.1992)	2.5723** (0.8316)
Inv	0.2236** (0.0566)	0.0572** (0.0174)	0.1198*** (0.0151)	0.105*** (0.0209)	1.9402** (0.6651)	0.5357*** (0.1038)	0.4023*** (0.0738)	1.0914** (0.3414)
FDI	-0.0188* (-0.0090)	0.0721*** (0.0124)	0.1182*** (0.0167)	0.1528*** (0.0230)	0.7271*** (0.1883)	0.8572*** (0.1890)	0.2331** (0.0731)	-3.4989*** (1.2017)
Corr	-0.3408*** (0.1229)	-0.0338 (0.3257)	-0.3403*** (0.1226)	-0.3388*** (0.1232)	3.3876*** (0.2451)	-2.1439*** (0.1660)	-3.2562*** (0.1514)	-0.3837** (0.1855)
FD	-1.2364*** (0.2149)	-1.2471*** (0.2184)	-1.2527*** (0.2208)	-1.2375*** (0.2151)	-3.4068*** (0.2902)	-12.0947*** (0.1836)	-15.6715*** (0.1816)	-11.1845*** (0.1868)

续表

变量	宏观（2001~2014年）				微观（2001~2014年）			
	（1）	（2）	（3）	（4）	（5）	（6）	（7）	（8）
IY	-0.0286	-0.0337	-0.0471	-0.0333	-0.8194***	0.1466**	-0.1843***	-0.4156***
	(0.3260)	(0.3257)	(0.3292)	(0.3260)	(0.0685)	(0.0621)	(0.0664)	(0.0656)
PD	-0.2878	-0.2939	-0.3118	-0.3016	-3.0995***	6.8857***	5.7548***	3.9619***
	(0.8217)	(0.8208)	(0.8215)	(0.8211)	(0.1996)	(0.0923)	(0.0836)	(0.0871)
UR	-0.0843	-0.0906	-0.0907	-0.0898	-7.7197***	-7.8750***	-11.8497***	-9.8940***
	(0.2792)	(0.2784)	(0.2784)	(0.2784)	(0.1140)	(0.1173)	(0.1802)	(0.1322)
R^2	0.7520	0.7520	0.7520	0.3363	0.3915	0.3692	0.3626	0.3825
时间效应	控制	控制	控制	控制	控制	控制	控制	控制
地区效应	控制	控制	控制	控制	控制	控制	控制	控制
观测值	406	406	406	406	651752	651752	651752	651752

由表 7-11 可知，末端治理与过程治理模式的协同虽对能源利用效率具有负向影响效应（系数为-0.0015），但影响效应并不显著。这一结论在第（5）列可以得到验证（系数为-0.2971，在 1%的水平下显著）。末端治理与源头治理模式的协同在宏观层面的促进效果不显著，在微观层面的促进效果显著（系数为 0.3000），即末端治理和源头治理模式可以共同促进企业能源利用效率的提升。过程治理与源头治理模式的协同在宏观层面（系数为 0.0023）与微观层面（系数为 0.3629）对能源利用效率均为促进作用，但微观层面的促进作用显著且促进效果略高于末端治理和源头治理模式的协同。

综上所述，环境规制模式对能源利用效率的影响效应，无论是单一模式还是协同模式，研究结论都是相同的，稳健性进一步得到证实。

（4）其他稳健性检验

同时，理想状态下，宏观效应是微观效应的总和，即如果二者统计口径相同，企业数据可进行严格的等比例缩放，则二者的影响效应应该是相同的，这也符合古典经济学对完全竞争市场的描述。因此，将所有变量均以国家层面的宏观变量表示，得到的结论也与前述相同。进一步证实了在宏观的国家层面、中观的区域层面与微观的企业层面，三种环境规制模式协同的影响效应是同向的，只是影响力度存在一定的差异，这在现有文献中是极为常见的。即从单一模式角度，末端治理模式具有负向抑制效应，过程治理与源头治理模式具有正向促进效应；从协同角度，除末端治理与过程治理模式的协同具有负向影响效应外，其他三种协同模式均有促进作用。这也从量化分析的角度验证了三种环境规制模式划分与界定的科学性，以及微观企业影响效应结论的稳健性。

7.3.3 影响效应的异质性分析

三种环境规制模式的影响效应是稳健的，宏微观的统计口径问题在短期难以解决，为更好地强化治理，应该重点关注环境规制模式对中国不同产权性质企业影响效应的异质性。

（1）单一模式的影响效应异质性

按照产权性质，将企业分为国有企业和非国有企业，经对比，采用固定效应模型检验三种环境规制模式对企业能源利用效率影响效应的异质性，结果如表 7-12 所示。

表 7-12 单一模式的影响效应异质性——不同产权性质企业

变量	（1）	（2）	（3）	（4）	（5）	（6）
	国有企业			非国有企业		
ER_1	0.0542***			−0.0741***		
	(0.0079)			(0.0060)		
ER_2		0.0465***			0.0285***	
		(0.0063)			(0.0043)	
ER_3			−1.4650			5.7350***
			(1.4402)			(0.8322)
Ind	0.0017***	0.0017***	0.0017***	0.0140***	0.0140***	0.0140***
	(0.0002)	(0.0002)	(0.0002)	(0.0001)	(0.0001)	(0.0001)
Inv	0.0067***	0.0067***	0.0066***	0.0152***	0.0150***	0.0150***
	(0.0007)	(0.0007)	(0.0007)	(0.0006)	(0.0006)	(0.0006)
FDI	0.0120***	0.0122***	0.0121***	0.0110***	0.0110***	0.0110***
	(0.0012)	(0.0012)	(0.0012)	(0.0004)	(0.0004)	(0.0004)
$Corr$	−0.0253	−0.0063	−0.0242	−0.0044	0.0124	0.0023
	(0.0172)	(0.0174)	(0.0173)	(0.0098)	(0.00983)	(0.0098)
FD	0.0389***	0.0324***	0.0322***	0.0476***	0.0345***	0.0350***
	(0.0045)	(0.0044)	(0.0044)	(0.0028)	(0.0026)	(0.0026)
IY	−0.0030	−0.0032	−0.0035	0.0272***	0.0271***	0.0273***
	(0.0021)	(0.0021)	(0.0021)	(0.0012)	(0.0012)	(0.0012)
PD	0.4550*	0.5101**	0.5833**	1.1390***	1.1352***	1.1911***
	(0.1870)	(0.1864)	(0.1860)	(0.1091)	(0.1091)	(0.1089)
UR	−0.1630***	−0.1790***	−0.2032***	−0.0285	−0.0897***	−0.1090***
	(0.0372)	(0.0369)	(0.0370)	(0.0245)	(0.0239)	(0.0239)
R^2	0.5126	0.5134	0.5072	0.6125	0.6103	0.6101
时间效应	控制	控制	控制	控制	控制	控制

续表

变量	（1）	（2）	（3）	（4）	（5）	（6）
	国有企业			非国有企业		
地区效应	控制	控制	控制	控制	控制	控制
观测值	82367	82367	82367	521246	521246	521246

由表 7-12 可知，三种环境规制模式中，只有过程治理模式在 1% 的水平下均具有显著的促进效应（系数为 0.0465 和 0.0285）；其余两种模式对国有企业和非国有企业有显著的异质性效应。末端治理模式对国有企业和非国有企业分别呈现显著的促进效应（系数为 0.0542）和抑制效应（系数为 -0.0741）；源头治理模式对国有企业呈现不显著的抑制效应（系数为 -1.4650），但对非国有企业呈现显著的促进效应（系数为 5.7350）。

（2）协同模式的影响效应异质性

经对比，采用经典的最小二乘法（OLS）做进一步检验，讨论环境规制模式的协同对不同产权性质企业能源利用效率影响效应的异质性，结果如表 7-13 所示。

由表 7-13 可见，不同环境规制模式的协同对不同产权性质企业能源利用效率的影响效应均在 1% 的水平下显著，除末端治理和源头治理模式的协同对国有企业和非国有企业具有差异化影响效应（系数为 -0.0155 和 0.0032）外，其余均为同一效应；末端治理与过程治理模式的协同呈现显著的抑制效应（系数为 -0.0046 和 -0.0025）；过程治理与源头治理模式的协同呈现显著的促进效应（系数为 0.0132 和 0.0095）；三种模式的协同也呈现显著的促进效应（系数为 0.0707 和 0.0004）。由此可见，随着环境规制体系的不断完善以及不同模式的协同演进，企业越来越适应过程治理模式和源头治理模式，三类模式的协同效果也较佳。

表7-13　环境规制协同模式的影响效应异质性——不同产权性质企业

变量	国有企业				非国有企业			
	(1)	(2)	(3)	(4)	(5)	(6)	(7)	(8)
$ER_1 \times ER_2$	-0.0046***				-0.0025***			
	(0.0005)				(0.0003)			
$ER_1 \times ER_3$		-0.0155***				0.0032***		
		(0.0015)				(0.0003)		
$ER_2 \times ER_3$			0.0132***				0.0995***	
			(0.0003)				(0.0052)	
$ER_1 \times ER_2 \times ER_3$				0.0707***				0.0004***
				(0.0041)				(0.0000)
Ind	0.0413*	0.0710*	0.1519***	0.0967***	-0.2869***	0.2907***	-0.2584***	-0.2544***
	(0.0227)	(0.0527)	(0.0224)	(0.0227)	(0.0107)	(0.0107)	(0.0106)	(0.0107)
Inv	0.0104***	0.0104***	-0.0027**	0.0026*	0.0189***	0.0193***	0.0150***	0.0146***
	(0.0014)	(0.0014)	(0.0013)	(0.0013)	(0.0012)	(0.0012)	(0.0011)	(0.0012)
FDI	-0.0009	-0.0009	0.0059***	0.0010	0.0167***	0.0167***	0.0200***	0.0169***
	(0.0007)	(0.0007)	(0.0007)	(0.0007)	(0.0006)	(0.0006)	(0.0006)	(0.0006)
$Corr$	0.0115***	0.0474***	0.0112***	0.0108***	0.0060***	0.0061***	0.0072***	0.0056***
	(0.0013)	(0.0029)	(0.0012)	(0.0013)	(0.0013)	(0.0006)	(0.0003)	(0.0004)

续表

变量	国有企业				非国有企业			
	(1)	(2)	(3)	(4)	(5)	(6)	(7)	(8)
FD	-0.0324***	-0.0629***	0.0063	-0.0208***	-0.1242***	0.0061***	-0.1058***	-0.1186***
	(0.0052)	(0.0049)	(0.0052)	(0.0052)	(0.0028)	(0.0004)	(0.0028)	(0.0027)
IY	0.0158***	0.0156***	0.0099***	0.0162***	0.0283***	-0.1247***	0.0248***	0.0281***
	(0.0006)	(0.0005)	(0.0006)	(0.0062)	(0.0003)	(0.0028)	(0.0003)	(0.0002)
PD	0.0151***	0.0257***	0.0046	0.0116***	0.0620***	0.0284***	0.0628***	0.0610***
	(0.0032)	(0.0018)	(0.0031)	(0.0032)	(0.0017)	(0.0003)	(0.0017)	(0.0014)
UR	-0.1114***	-0.2369***	-0.0149	-0.0815***	-0.0492***	0.0622***	0.0610***	-0.0391***
	(0.0157)	(0.0113)	(0.0155)	(0.0157)	(0.0090)	(0.0017)	(0.0093)	(0.0091)
R^2	0.6849	0.6774	0.6778	0.6845	0.6282	0.6255	0.6645	0.6281
时间效应	控制	控制	控制	控制	控制	控制	控制	控制
地区效应	控制	控制	控制	控制	控制	控制	控制	控制
观测值	82367	82367	82367	82367	521246	521246	521246	521246

8 研究结论与展望

8.1 研究结论

为了探讨环境规制对节能绩效的影响，本研究在回顾相关理论的基础上，分三个步骤展开了研究。一是从支出、监管、收益三个方面对环境规制进行测度，并考虑中国式分权下环境规制对节能绩效的影响（第4章）。二是从时间、空间两个层面，研究环境规制对节能绩效影响的异质性，同时考察环境规制如何通过 FDI、产业结构和技术进步影响节能绩效（第5章）。三是利用系统动力学、文本挖掘和自然语言学习等方法，对节能减排政策进行仿真分析，并基于区域和企业层面，探讨环境规制模式协同演进对能源利用效率的影响效应（第6章和第7章）。通过上述研究总结得出以下结论。

第一，环境规制显著提升了节能绩效。实证研究表明，环境规制显著提升能源利用效率和优化能源消费结构，证实了"倒逼效应"假说。环境规制的"波特效应"明显，环境规制有利于技术的创新。环境规制的监管措施对优化能源消费结构起到立竿见影的效果，这也为政策评估提供了有益的启示，未来要特别重视环境执法力度。在环境治理问题上，既要健全与完善环境规制，同时也需要提高执法部门执法能力，做到有法可依与执法必严。在环境规制对节能绩效的作用路径中，产业结构和技术进步发挥着重要的作用。

第二，在中观省域层面，环境规制的异质性效应显著。在中国式分

179

权背景下，为提高节能绩效，需要选择合理的环境规制政策工具组合。在三类政策工具方面，命令控制型环境规制的减排效果比较有限，但从长远看，提高公民和企业的环保意识，充分发挥自愿型环境规制的作用才更具根本性意义。市场激励型环境规制有利于鼓励企业技术创新，提升企业治污创新能力。在实际环保决策中，不仅要考虑市场激励型环境规制，而且还要重点关注自愿型环境规制。针对当前我国自愿型环境规制发展相对缓慢的现状，可以通过加强经费投入，强化学校、组织和社会的环境教育，成立环保监督组织等多种途径，提高和增强公众环保意识，提高节能绩效。

第三，微观企业层面，环境规制模式协同效应明显。基于"全流程治理"理念，将环境规制模式重新分类并界定为末端治理、过程治理和源头治理三种。从协同演进视角，三种模式在类型和强度上存在协同的动态演进规律，具体表现为：末端治理模式初期强度占比较高、作用突出，但强度占比逐渐降低并最终稳定在 5% 左右；过程治理模式初期强度占比一般，呈现波动上升趋势，最终稳定在 45% 左右；源头治理模式初期强度占比较低且波动变化上升，最终占近 50%，处于绝对优势地位。从微观影响效应视角，按照单一模式及协同模式进行考察，只有单一的末端治理模式和末端治理与过程治理的协同模式对企业能源利用效率呈抑制效应，其余两种单一模式和三种协同模式均呈显著的促进作用，且源头治理模式具明显的协同增强效应；同时，环境规制模式对国有与非国有企业的影响效应异质性明显。

8.2　未来展望

现代环境治理体系是国家治理体系的重要组成部分，是推进生态环境保护的基础支撑。基于本书对环境规制与节能绩效的研究，未来应进一步完善治理手段，综合利用好末端治理、过程治理、源头治理三种治理模式。

应该提高环境规制演进的制度敏感性，对时空条件进行快速响应。现阶段，随着公众环境认知水平的提高，应当以过程治理和源头治理为主要手段，普及环保理念和生态文化，形成法律威慑、监管保障、文化支持的环境规制格局。进一步畅通环保监督渠道，提升环境保护自觉。构筑环境规制文化，宣传环境保护理念，形成弘扬生态文化、共建生态文明的良好社会氛围和社会凝聚力。细化环境规制模式的实施，对不同性质企业实行差异化管理。不同环境规制模式对国有企业与非国有企业的影响效应有较大差异，相比国有企业，非国有企业对于利润的追求更高，也更有意愿在源头治理的文化激励空间中遵守环境规制；而相比非国有企业，国有企业则更有意愿在严格的物质检测空间中提升自身节能绩效。因此，实施差异化的管理，可以更好地提高企业的能动性。

总而言之，环境规制的设计要从人与自然和谐共生的高度谋划，促进制度之间的良性互动，构建激励相容、多元参与的生态环境治理体系。以满足人民日益增长的优美生态环境需要和实现人的全面发展为宗旨，以经济社会全面绿色转型为导向，以建设永续发展、和谐美丽的现代化家园为旨归，联系中国人口规模巨大的特殊性，实现人民高品质生活、生态环境高质量保护、资源节约高效利用等目标前所未有的艰巨性和复杂性，以及发展途径和推进方式绿色化、低碳化的重要性。还需要进一步总结中国生态文明建设的实践创新和理论创新成果，为实现绿色主导、生态优先、环境美丽、资源高效的人与自然和谐共生的现代化提供根本遵循。

参考文献

[1] Abdeen Mustafa Omer. 2008. Energy, environment and sustainable development [J]. Renewable and Sustainable Energy Reviews, 12 (9): 2265-2300.

[2] Acemoglu D, Akcigit U, Hanley D, et al. 2016. Transition to clean technology [J]. Journal of Political Economy, 124 (1): 56-110.

[3] Adderley A. E. , O'Callaghan P. W. and Probert. S. D. 1988. Energy-saving options [J]. Applied Energy, 30 (4): 269-279.

[4] Aghion P, Dechezleprêtre A, Hémous D, et al. 2016. Carbon taxes, path dependency and directed technical change: Evidence from the Auto industry [J]. Journal of Political Economy, 124 (1): 1-51.

[5] Alcantara, V, Duarte, R. 2004. Comparison of energy intensities in European Union countries. Results of a structural decomposition analysis [J]. Energy Policy, 32 (2): 177-189.

[6] Alcott Blake. 2005. Jevons'paradox [J]. Ecological Economics, 54 (1): 9-21.

[7] Arnette A, Zobel C W. 2012. An optimization model for regional renewable energy development [J]. Renewable & Sustainable Energy Reviews, 16 (7): 4606-4615.

[8] Acheampong T, Kemp A G. 2022. Health, safety and environmental (HSE) regulation and outcomes in the offshore oil and gas industry: Performance review of trends in the United Kingdom Continental Shelf

［J］. Safety Science，148.

［9］ Bai Q，Chen J，Xu J. 2023. Energy conservation investment and supply chain structure under cap-and-trade regulation for a green product ［J］. Omega，119：102886.

［10］ Barreca A I，Clay K，Deschenes O，et al. 2016. Adapting to climate change：The remarkable decline in the U. S. temperature-mortality relationship over the 20th century ［J］. Journal of Political Economy，124 （1）：213-250.

［11］ Bella G，Mattana P. 2019. Policy implications in an environmental growth model with a generalized Hotelling depletion of non-renewable resources ［J］. Journal of Environmental Economics and Policy，8 （2）：179-192.

［12］ Brännlund R，Ghalwash T，Nordström J. 2007. Increased energy efficiency and the rebound effect：Effects on consumption and emissions ［J］. Energy Economics，29 （1）：1-17.

［13］ Bu C，Zhang K，Shi D，et al. 2022. Does environmental information disclosure improve energy efficiency? ［J］. Energy Policy，164：112919.

［14］ Becker S. 2005. A computational principle for hippocampal learning and neurogenesis ［J］. Hippocampus，15：722-738.

［15］ Bhagwati J N. 1998. Lectures on international trade ［M］. MIT Press.

［16］ Bhattarai M，Hammig M. 2001. Institutions and the environmental Kuznets curve for deforestation：A crosscountry analysis of Latin America，Africa and Asia ［J］. World Development，29 （6）：995-1010.

［17］ Cecere G，Corrocher N. 2016. Stringency of regulation and innovation in waste management：An empirical analysis on EU countries ［J］. Industry and Innovation，7：625-646.

［18］ Chen X，Chen M. 2024. Energy，environment and industry：Instrumental approaches for environmental regulation on energy efficiency

[J]. Environmental Impact Assessment Review, 105: 107439.

[19] Christina Bampatsou, Savas Papadopoulos, Efthimios Zervas. 2013. Technical efficiency of economic systems of EU-15 countries based on energy consumption [J]. Energy Policy, 55 (4): 426-434.

[20] Conrad K, Wastl D. 1995. The impact of environmental regulation on productivity in German industries [J]. Empirical Economics, 20 (4): 615-633.

[21] Currie J, Voorheis J, Walker R. 2023. What caused racial disparities in particulate exposure to fall? New evidence from the Clean Air Act and satellite-based measures of air quality [J]. American Economic Review, 113 (1): 71-97.

[22] Curtis E. M, Lee J. M. 2019. When do environmental regulations backfire? Onsite industrial electricity generation, energy efficiency and policy instruments [J]. Journal of Environmental Economics and Management, 96: 174-194.

[23] Chen Y, Wong C W Y, Yang R, et al. 2021. Optimal structure adjustment strategy, emission reduction potential and utilization efficiency of fossil energies in China [J]. Energy.

[24] Copeland B R. 1994. International trade and the environment: Policy reform in a polluted small open economy [J]. Journal of environmental economics and management, 26 (1): 44-65.

[25] Copeland Brian R and Taylor M S. 1997. A simple model of trade, capital mobility and the environment [J]. NBER Work Paper 5898.

[26] Di Maria C, Smulders S, Van der Werf E. 2012. Absolute abundance and relative scarcity: Environmental policy with implementation lags [J]. Ecological Economics, 74: 104-119.

[27] Dogan E, Turkekul B. 2016. CO_2 emissions, real output, energy consumption, trade, urbanization and financial development: Testing the

EKC hypothesis for the USA [J]. Environmental Science and Pollution Research, 23 (2): 1203-1235.

[28] Dong K, Jiang Q, Shahbaz M, et al. 2021. Does low-carbon energy transition mitigate energy poverty? The case of natural gas for China [J]. Energy Economics, 99: 105324.

[29] Du K, Liu X, Zhao C. 2023. Environmental regulation mitigates energy rebound effect [J]. Energy Economics, 125: 106851.

[30] DebalinaC, Shyamasree D, Joyashree R. 2013. Rebound effect: how much to worry? [J]. Current Opinion in Environmental Sustainability, 5 (2): 216-228.

[31] Edziah B K, Opoku E E O. 2024. Enhancing energy efficiency in Asia-Pacific: Comprehensive energy policy analysis [J]. Energy Economics, 138: 107831.

[32] Feng S, Wu H, Li G, et al. 2020. Convergence analysis of environmental efficiency from the perspective of environmental regulation: Evidence from China [J]. Technological and Economic Development of Economy, 26 (5): 1074-1097.

[33] Fowlie M, Reguant M, Ryan S P. 2016. Market-Based emissions regulation and industry dynamics [J]. Journal of Political Economy, 124 (1): 249-302.

[34] Fredriksson P G, List J A. 2003. Bureaucratic corruption, environmental policy and inbound US FDI: Theory and evidence [J]. Journal of Public Economics, 7: 1407-1430.

[35] Frondel M. 2011. Modelling energy and non-energy substitution: A brief survey of elasticities [J]. Energy Policy. 39 (8): 4601-4604.

[36] Fu S. et al. 2021. Research on the spatial differences of pollution-intensive industry transfer under the environmental regulation in China [J]. Ecological Indicators, 129: 107921.

［37］ Fujimori S, Kainuma M, Masui T, et al. 2014. The effectiveness of energy service demand reduction: A scenario analysis of global climate change mitigation ［J］. Energy Policy.

［38］ Geller H, Harrington P, Rosenfeld A H, et al. 2006. Polices for increasing energy efficiency: Thirty years of experience in OECD countries ［J］. Energy Policy, 34 (5): 556-573.

［39］ Gernaat D E H J, De Boer H S, Daioglou V, et al. 2021. Climate change impacts on renewable energy supply ［J］. Nature Climate Change, 11 (2): 119-125.

［40］ Giannetti B F, Agostinho F, Eras J J C, et al. 2020. Cleaner production for achieving the sustainable development goals ［J］. Journal of Cleaner Production, 271: 122127.

［41］ Gilbert E. Metcalf. 2008. An empirical analysis of energy intensity and its determinants at the state-level ［J］. Energy, 29 (3): 1-26.

［42］ Gollop F M, Roberts M J. 1983. Environmental regulations and productivity growth: The case of fossil-fueled electric power generation ［J］. The Journal of Political Economy, 654-674.

［43］ Grafton R Q, Kompas T, Van Long N, et al. 2014. US biofuels subsidies and CO_2 emissions: An empirical test for a weak and a strong green paradox ［J］. Energy Policy, 68: 550-555.

［44］ Gray W B, Shadbegian R J. 1998. Environmental regulation, investment timing, and technology choice ［J］. The Journal of Industrial Economics, 46 (2): 235-256.

［45］ Greenstone M, Kopits E, Wolverton A. 2013. Developing a social cost of carbon for US regulatory analysis: A methodology and interpretation ［J］. Review of Environmental Economics & Policy, 7 (1): 23-46.

［46］ Gu G, Zheng H, Tong L, et al. 2022. Does carbon financial market as an environmental regulation policy tool promote regional energy conservation and emission reduction? Empirical evidence from China ［J］. Energy Policy, 163: 112826.

［47］ Guo L, Qu Y, Tseng M L. 2017. The interaction effects of environmental regulation and technological innovation on regional greengrowth performance ［J］. Journal of Cleaner Production, 162: 894-902.

［48］ Guo R, Yuan Y. 2020. Different types of environmental regulations and heterogeneous influence on energy efficiency in the industrial sector: Evidence from Chinese provincial data ［J］. Energy Policy, 145: 111747.

［49］ Gillingham K, & Palmer K. 2014. Bridging the energy efficiency gap: Policy insights from economic theory and empirical evidence ［J］. Review of Environmental Economics and Policy, 8 (1), 18-38.

［50］ Glasbey C A, Graham R, Hunter A G M. 2001. Spatio-Temporal variability of solar energy across a region: A statistical modelling approach ［J］. Solar Energy, 70 (4): 373-381.

［51］ Grossman G M, and Krueger A B. 1995. Economic growth and the environment ［J］. The Quarterly Journal of Economics, 110 (2), 353-377.

［52］ He G, Wang S, Zhang B. 2020. Watering down environmental regulation in China ［J］. The Quarterly Journal of Economics, 135 (4): 2135-2185.

［53］ He Yong, Fu Feifei, Liao Nuo. 2021a. Exploring the path of carbon emissions reduction in China's industrial sector through energy efficiency enhancement induced by R&D investment ［J］. Energy, 225: 120208.

［54］ He Yong, Liao Nuo, Lin Kunrong. 2021b. Can China's industrial sector achieve energy conservation and emission reduction goals dominated by energy efficiency enhancement? A multi-objective optimization approach ［J］. Energy Policy, 149: 112108.

［55］ Herring H. 1999. Does energy efficiency save energy? The debate and its consequences [J]. Applied Energy, 63 (3): 209-226.

[56] Hicks, J. R. 1970. Elasticity of substitution again: Substitutes and complements [J]. Oxford Economic Papers, New Series, 22 (3): 289-296.

[57] Hoel M. 2012. Carbon taxes and the green paradox, in Climate change and common sense: Essays in honour of Tom schelling [M]. Oxford University Press, Oxford, 203-224.

[58] Hu Yucai, Ren Shenggang, Wang Yangjie, Chen Xiaohong. 2020. Can carbon emission trading scheme achieve energy conservation and emis sion reduction? Evidence from the industrial sector in China [J]. Energy Economics, 85: 104590.

[59] Huang Lingyun, Zou Yanjun. 2020. How to promote energy transition in China: From the perspectives of inter regional relocation and environmental regulation [J]. Energy Economics, 92: 104996.

[60] Huang S Xiang, Wu P, et al. 2022. How to control China's energy consumption through technological progress: A spatial heterogeneous investigation [J]. Energy Economics, 238 : 121965.

[61] Hettige H, Mani M, Wheeler D. 2000. Industrial pollution in economic development: The environmental Kuznets curve revisited [J]. Journal of Development Economics, 62 (2): 445-476.

[62] Honma S, Hu J L. 2008. Total-Factor energy efficiency of regions in Japan [J]. Energy Policy, 36 (2): 821-833.

[63] Jaffe A B, Palmer K. 1997. Environmental regulation and innovation: A panel data study [J]. Review of Economics and Statistics, 79 (4): 610-619.

[64] Jaume Freire Gonzalez. 2010. Empirical evidence of direct rebound effect in Catalonia [J]. Energy Policy. 38 (5): 2309-2314.

[65] Jevons, William Stanley. 1866. The coal question (2nd ed.) [M].

London: Macmillan and Company, 2008.

[66] Jiang P, Khishgee S, Alimujiang A, et al. 2020. Cost-effective approaches for reducing carbon and air pollution emissions in the power industry in China [J]. Journal of environmental management, 264: 110452.

[67] Jiang Q. and Ma X. 2021. Spillovers of environmental regulation on carbon emissions network [J]. Technological Forecasting & Social Change, 169: 120825.

[68] Jaffe A B, Stavins R N. The energy paradox and the diffusion of conservation technology [J]. Resource and Energy Economics, 1994, 16 (2): 91-122.

[69] Kasper Dirckinck-Holmfeld. 2015. The options of local authorities for addressing climate change and energy efficiency through environmental regulation of companies [J]. Journal of Cleaner Production, 98: 175-184.

[70] Kenta Tanaka, Shunsuke Managi. 2021. Industrial agglomeration effect for energy efficiency in Japanese production plants [J]. Energy Reports, 7: 5475-5482.

[71] Klevas V, Biekša K, Murauskaitė L. 2014. Innovative method of RES integration into the regional energy development scenarios [J]. Energy Policy, 64 (5): 324-336.

[72] Koltsaklis N E, Liu P, Georgiadis M C. 2015. An integrated stochastic multi-regional long-term energy planning model incorporating autonomous power systems and demand response [J]. Energy, 82: 865-888.

[73] Konisky D M. 2007. Regulatory competition and environmental enforcement: Is there a race to the bottom? [J]. American Journal of Political Science, 51 (4): 853-872.

[74] Kyprianidis K G, Dahlquist E. 2017. On the trade-off between aviation NOx and energy efficiency [J]. Applied Energy, 185.

[75] Kotthaus S, Grimmond C S B. 2014. Energy exchange in a dense urban

environment-Part II: Impact of spatial heterogeneity of the surface [J].
Urban Climate, 10: 281-307.

[76] Lanoie P, Patry M, Lajeunesse R. 2008. Environmental regulation and
productivity: Testing the porter hypothesis [J]. Journal of Productivity
Analysis, 30 (2): 121-128.

[77] Lee S, Jo J. 1995. Evaluating policy measures'effectiveness in reducing
energy consumption and air pollution: Case study of Seoul [J]. Science
of the Total Environment, 169 (1): 289-293.

[78] Li G, Wang X. 2024. Energy quota trading policy and energy efficien-
cy: The role of government supervision and public participation [J].
Technological Forecasting and Social Change, 206: 123565.

[79] Li H, Zhang B, Wen L, et al. 2021. On the relationship between the
energy conservation and emissions reduction policy and employment ad-
justment by manufacturing firms: Microdata from China [J]. Journal
of Cleaner Production, 297: 126652.

[80] Li M, Du W, Tang S. 2021. Assessing the impact of environmental
regulation and environmental co-governance on pollution transfer: Mi-
cro-evidence from China [J]. Environmental Impact Assessment Re-
view, 86: 106467.

[81] Li Xiaoyan, Xu Hengzhou. 2020. The Energy-Conservation and emis-
sion-reduction paths of industrial sectors: Evidence from China's 35 in-
dustrial sectors [J]. Energy Economics, 86: 104628.

[82] Lin B, Zhu J. 2021. Impact of China's new-type urbanization on energy
intensity: A city-level analysis [J]. Energy Economics, 99: 105292.

[83] Lin Boqiang, Zhou Yicheng. 2022. Does energy efficiency make sense
in China? Based on the perspective of economic growth quality [J].
Science of the Total Environment, 804: 149895.

[84] Lion Hirth, Falko Ueckerdt. 2013. Redistribution effects of energy and

climate policy: The electricity market [J]. Energy Policy, 62 (10): 934-947.

[85] Liu G, Wang B, Cheng Z, et al. 2020. The drivers of China's regional green productivity, 1999-2013 [J]. Resources, Conservation and Recycling, 153: 104561.

[86] Liu H, Zhang Z, Zhang T, et al. 2020. Revisiting China's provincial energy efficiency and its influencing factors [J]. Energy, 208: 118361.

[87] Liu Hao, Ren Yixin et al. 2021. Energy efficiency rebound effect research of China's coal industry [J]. Energy Reports, 7: 5475-5482.

[88] Lu C, Xie Z, Li Z. 2022. Market supervision, innovation offsets and energy efficiency: Evidence from environmental pollution liability insurance in China [J]. Energy Policy, 171: 113267.

[89] Lv C, Shao C and Lee C C. 2021. Green technology innovation and financial development: Do environmental regulation and innovation output matter? [J]. Energy Economics, 98: 105237.

[90] Lähteenmäki-Uutela A, Repka S, Haukioja T, et al. 2017. How to recognize and measure the economic impacts of environmental regulation: The Sulphur Emission Control Area case [J]. Journal of Cleaner Production, 154+553-565.

[91] Li J, Lin B. 2017. Ecological total-factor energy efficiency of China's heavy and light industries: which performs better? [J]. Renew. Sust. Energ. Rev. 72: 83-94.

[92] Ma He Dan, Li LiXia. 2021. Could environmental regulation promote the technological innovation of China's emerging marine enterprises? Based on the moderating effect of government grants [J]. Environmental Research, 202: 111682.

[93] Ma R, Deng L, Ji Q, et al. 2022. Environmental regulations, clean energy access, and household energy poverty: Evidence from China

［J］. Technological Forecasting and Social Change，182：121862.

［94］ Mark Winfield，Brett Dolter. 2014. Energy，economic and environmental discourses and their policy impact：The case of Ontario s Green Energy and Green Economy Act ［J］. Energy Policy，68（5）：423-435.

［95］ Michielsen T O. 2014. Brown backstops Versus the green paradox ［J］. Journal of Environmental Economics and Management，68（1）：87-110.

［96］ Michael Palmer. 2013. Social protection and disability：A call for action ［J］. Oxford Development Studies，41（2）：139-154.

［97］ Montinola G，Qian Y，Weingast B R. 1995. Federalism，Chinese style：The political basis for economic success in China ［J］. World Politics，48（1）：50-81.

［98］ Mandal S K. 2010. Do undesirable output and environmental regulation matter in energy efficiency analysis? Evidence from Indian Cement Industry ［J］. Energy Policy，38：076-6083.

［99］ Narula K，Reddy B S. 2015. Three blind men and an elephant：The case of energy indices to measure energy security and energy sustainability ［J］. Energy，80：148-158.

［100］ Pal K，Mukhopadhyay J P，Bhagawan P. 2024. Does cap-and-trade scheme impact energy efficiency and firm value? Empirical evidence from India ［J］. Energy Economics，134：107581.

［101］ Pan X，et al. 2019. Dynamic relationship among environmental regulation，technological innovation and energy efficiency based on large scale provincial panel data in China ［J］. Technological Forecasting & Social Change，144：428-435.

［102］ Paramati S R，Ummalla M，Apergis N. 2016. The effect of foreign direct investment and stock market growth on clean energy use across a panel of emerging market economies ［J］. Energy Economics，56（1）：29-41.

［103］ Philipp Hieronymi, David Schüller. 2015. The Clean-Development mechanism, stochastic permit prices and energy investments ［J］. Energy Economics, 47 (1): 25-36.

［104］ Pasurka C. 2008. Perspectives on pollution abatement and competitiveness: Theory, data, and analyses ［J］. Review of Environmental Economics and Policy, 2 (2): 194-218.

［105］ Patterson M G. What is energy efficiency? Concepts, indicators and methodological issues ［J］. Energy policy, 1996, 24 (5): 377-390.

［106］ Pettifor H, Wilson C, Chryssochoidis G. 2015. The appeal of the green deal: Empirical evidence for the influence of energy efficiency policy on renovating homeowners ［J］. Energy Policy, 79: 161-176.

［107］ Qian H, Xu S, Cao J, et al. 2021. Air pollution reduction and climate co-benefits in China's industries ［J］. Nature Sustainability, 4 (5): 417-425.

［108］ Qian Y, Weingast B R. 1996. China's transition to markets: Market-preserving federalism, Chinese style ［J］. The Journal of Policy Reform, 1 (2): 149-185.

［109］ Rabindra Nepal et al. 2021. Energy consumption as an indicator of energy efficiency and emissions in the European Union: A GMM based quantile regression approach ［J］. Energy Policy, 158: 112572.

［110］ Raza S A, Shahbaz M, Nguyen D K. 2015. Energy conservation policies, growth and trade performance: Evidence of feedback hypothesis in Pakistan ［J］. Energy Policy, 80 (1): 1-10.

［111］ Reynaert M. 2021. Strategies and the cost of environmental regulation: Emission standards on the European car market ［J］. The Review of Economic Studies, 88 (1): 454-488.

［112］ Ringel M. 2016. Energy efficiency policy governance in a multi-level administration structure—Evidence from Germany ［J］. Energy Efficiency, 1: 1-24.

[113] Rocío Roman-Collado, Marina Economidou. 2021. The role of energy efficiency in assessing the progress towards the EU energy efficiency targets of 2020: Evidence from the European productive sectors [J]. Energy Policy, 156: 112441.

[114] Shapiro J S, Walker R. 2018. Why is pollution from US manufacturing declining? The roles of environmental regulation, productivity, and trade [J]. American Economic Review, 108 (12): 3814-3854.

[115] Shen T, Chen H H, Zhao D H, et al. 2022. Examining the impact of environment regulatory and resource endowment on technology innovation efficiency: From the microdata of Chinese renewable energy enterprises [J]. Energy Reports, 8: 3919-3929.

[116] Singh R K, Yabar H, Nozaki N, et al. 2017. Comparative study of linkage between environmental policy instruments andtechnological innovation: Case study on end-of-life vehicles technologies in Japan and EU [J]. Waste Management, 114-122.

[117] Sinn Hans-Werner. 2008. Public policies against global warming: A supply side approach [J]. International Tax Public Finance, 15: 360-394.

[118] Solow R M. 1974. The economics of resources and the resources of economics [J]. American Economic Review, (64): 1-14.

[119] Song Y, et al. 2021. The influence of environmental regulation on industrial structure upgrading: Based on the strategic interaction behavior of environmental regulation among local governments [J]. Technological Forecasting & Social Change, 170: 120930.

[120] Sun Jiasen, Wang Zhaohua, Li Guo. 2018. Measuring emission-reduction and energy-conservation efficiency of Chinese cities considering management and technology heterogeneity [J]. Journal of Cleaner

Production, 175: 561-571.

[121] Sun Wei, Ren Chumeng. 2021. The impact of energy consumption st-ructure on China's carbon emissions: Taking the Shannon-Wiener in-dex as a new indicator [J]. Energy Reports, 7: 2605-2614.

[122] Supasa T, Hsiau S S, Lin S M, et al. 2016. Has energy conservation been an effective policy for Thailand? An input-output structural de-composition analysis from 1995 to 2010 [J]. Energy Policy, 98 (2): 210-220.

[123] Simon M. 2013. Poor energy poor: Energy saving obligations, distri-butional effects, and the malfunction of the priority group [J]. Energy policy, 61: 1003-1010.

[124] Thóra Ellen Thórhallsdóttir. 2007. Strategic planning at the national lev-el: Evaluating and ranking energy projects by environmental impact [J]. Environmental Impact Assessment Review, 27 (6): 545-568.

[125] Tong Fu, ZeJian. 2021. Corruption pays off: How environmental reg-ulations promote corporate innovation in a developing country [J]. Ecological Economics, 1: 1-12.

[126] Taylor, Charles. 2004. Modern social imaginaries [M]. Durham: Duke University Press.

[127] Trianni A, Cagno E, De Donatis A. 2014. A framework to character-ize energy efficiency measures [J]. Applied Energy, 118: 207-220.

[128] Vadiee A, Yaghoubi M. 2016. Enviro-Economic assessment of energy conservation methods in commercial greenhouses in Iran [J]. Outlook on Agriculture, 45 (1): 47-53.

[129] Vander Werf E, Di Maria C. 2012. Imperfect Environmental Policy and Polluting Emissions: the Green Paradox and Beyond [J]. International Review of Environmental and Resource Economics, 6 (2): 153-194.

[130] Viholainen J, Luoranen M, Väisänen S, et al. 2016. Regional level

approach for increasing energy efficiency ［J］. Applied Energy, 163:
295-303.

［131］ Wang Ailun, Hu Shuo, Li Jianglong. 2021. Does economic develop-
ment help achieve the goals of environmental regulation? Evidence
from partially linear functional-coefficient model ［J］. Energy Econ-
omics, 103: 105618.

［132］ Wang C, Engels A, Wang Z. 2018. Overview of research on China's
transition to low-carbon development: The role of cities, technologi-
es, industries and the energy system ［J］. Renewable and Sustainable
Energy Reviews, 81: 1350-1364.

［133］ Wang J, Zhou Y, Cooke F L. 2022. Low-carbon economy and policy
implications: A systematic review and bibliometric analysis ［J］. En-
vironmental Science and Pollution Research, 29 (43): 65432-65451.

［134］ Wang Rong, Wang Qizhen, et al. 2021. Evaluation and difference a-
nalysis of regional energy efficiency in China under the carbon neu-
trality targets: Insights from DEA and Theil models ［J］. Journal of
Environmental Management, 293: 112958.

［135］ Wang Y, Deng X, Zhang H, et al. 2022. Energy endowment, envi-
ronmental regulation, and energy efficiency: Evidence from China
［J］. Technological Forecasting and Social Change, 177: 121528.

［136］ Wang Z, et al. 2020. Dynamic relationship between environmental reg-
ulation and energy consumption structure in China under spatiotemporal
heterogeneity ［J］. Science of the Total Environment, 738: 140364.

［137］ Wen S, Liu H. 2022. Research on energy conservation and carbon e-
mission reduction effects and mechanism: Quasi-experimental evi-
dence from China ［J］. Energy Policy, 169: 113180.

［138］ Woods N D. 2006. Interstate competition and environmental regula-
tion: A test of the race-to-the-bottom thesis ［J］. Social Science Qua-

rterly, 87 (1): 174-189.

[139] Wu H, et al. 2020. How do energy consumption and environmental regulation affect carbon emissions in China? New evidence from a dynamic threshold panel model [J]. Resources Policy, 67: 101678.

[140] Wu Haitao, Hao Yu, Ren Siyu. 2020. How do environmental regulation and environmental decentralization affect green total factor energy efficiency: Evidence from China [J]. Energy Economics, 91 (1): 1-18.

[141] Wu L B, Yang M M, Wang C J. 2021. Strategic interaction of environmental regulation and its influencing mechanism: Evidence of spatial effects among Chinese cities [J]. Journal of Cleaner Production, 12: 1-35.

[142] Wu M. 2023. The impact of eco-environmental regulation on green energy efficiency in China-Based on spatial economic analysis [J]. Energy & Environment, 34 (4): 971-988.

[143] Wheeler D. 2001. Racing to the bottom? Foreign investment and air pollution in developing countries [J]. The Journal of Environment & Development, 10 (3): 225-245.

[144] Wu R, Lin B. 2022. Environmental regulation and its influence on energy-environmental performance: Evidence on the Porter Hypothesis from China's iron and steel industry [J]. Resources, Conservation and Recycling, 176.

[145] Xia C, Wang Z and Xia Y. 2021. The drivers of China's national and regional energy consumption structure under environmental regulation [J]. Journal of Cleaner Production, 285: 124913.

[146] Xie L, et al. 2021. Environmental regulation and energy investment structure: Empirical evidence from China's power industry [J]. Technological Forecasting & Social Change, 167: 120690.

[147] Xin Nie, et al. 2021. Can environmental regulation stimulate the regional Porter effect? Doubletest from quasi-experiment and dynamic panel datamodels [J]. Journal of Cleaner Production, 6: 1-16.

[148] Xu X, Zhang W, Wang T, et al. 2021. Impact of subsidies on innovations of environmental protection and circular economy in China [J]. Journal of Environmental Management, 289: 112385.

[149] Yan Z, Zhou Z, Du K. 2023. How does environmental regulatory stringency affect energy consumption? Evidence from Chinese firms [J]. Energy Economics, 118: 106503.

[150] Yang X, et al. 2021. Centralization or decentralization? The impact of different distributions of authority on China's environmental regulation [J]. Technological Forecasting & Social Change, 173: 121172.

[151] Yeboah F K, Kaplowitz M D. 2016. Explaining energy conservation and environmental citizenship behaviors using the value-belie-norm framework [J]. Human Ecology Review, 62 (3): 52-71.

[152] You J, Zhang W. 2022. How heterogeneous technological progress promotes industrial structure upgrading and industrial carbon efficiency? Evidence from China's industries [J]. Energy, 247: 123386.

[153] Yu G, Liu K. 2024. Foreign direct investment, environmental regulation and urban green development efficiency—An empirical study from China [J]. Applied Economics, 56 (23): 2738-2751.

[154] Yuan B, Ren S, Chen X. 2017. Can environmental regulation promote the coordinated development of economy and environment in China's manufacturing industry? —A panel data analysis of 28 sub-sectors [J]. Journal of Cleaner Production, 149: 11-24.

[155] Zakia benzerrouk, Mehdi Abid, Habib Sekrafi. 2021. Pollution haven or halo effect? A comparative analysis of developing and developed countries [J]. Energy Reports, 7: 4862-4871.

[156] Zeng J. Pagàn-Castaño E, Ribeiro-Navarrete S. 2022. Merits of inter-city innovation cooperation of environment-friendly patents for environmental regulation efficiency [J]. Technological Forecasting and Social Change, 180: 121404.

[157] Zhang J, Chang Y, Zhang L, et al. 2018. Do technological innovations promote urban green development? —A spatial econometric analysis of 105 cities in China [J]. Journal of cleaner production, 182: 395-403.

[158] Zhang Ming, Sun Xinran, et al. 2020. Study on the effect of environmental regulations and industrial structure on haze pollution in China from the dual perspective of independence and linkage [J]. Journal of Cleaner Production, 256: 120748.

[159] Zhou Q, Cui X, Ni H, et al. 2022. The impact of environmental regulation policy on firms'energy-saving behavior: A quasi-natural experiment based on China's low-carbon pilot city policy [J]. Resources Policy, 76: 102538.

[160] Zhou Yi, Zhuo Chengfeng, Deng Feng. 2021. Can the rise of the manufacturing value chain be the driving force of energy conservation and emission reduction in China? [J]. Energy Policy, 156: 112408.

[161] Zou Y, Wang M. 2024. Does environmental regulation improve energy transition performance in China? [J]. Environmental Impact Assessment Review, 104: 107335.

[162] Zhang J, Patwary A K, Sun H, et al. 2021. Measuring energy and environmental efficiency interactions towards CO_2 emissions reduction without slowing economic growth in central and western Europe [J]. Journal of Environmental Management.

[163] 白万平. 2011. "十二五" 期间我国控制能源消费总量、强度和结构研究 [J]. 宏观经济研究, (9): 93-98.

［164］包群，邵敏，杨大利．2013．环境管制抑制了污染排放吗？［J］．
经济研究，48（12）：42-54.

［165］曹勤．2015．环境规制对我国产业结构变迁的影响研究［D］．华
侨大学．

［166］陈德敏，张瑞．2012．环境规制对中国全要素能源效率的影响——
基于省际面板数据的实证检验［J］．经济科学，（4）：49-65.

［167］陈海跃．2017．中国区域能源效率及其影响因素分析——基于
DEA-Malmquist 模型［J］．贵州财经大学学报，（6）：32-34.

［168］陈玲，赵国春．2014．地方政府环境规制对全要素能源效率影响——
基于新疆面板数据的实证研究［J］．干旱区资源与环境，28（8）：
7-13.

［169］陈诗一，王畅，郭越．2024．面向碳中和目标的中国工业部门减
排路径与战略选择［J］．管理科学学报，27（4）：1-20.

［170］陈诗一．2010．节能减排与中国工业的双赢发展：2009—2049［J］．
经济研究，（3）：129-143.

［171］陈霄，毛霞，曹伟．2023．环境信息公开、外商直接投资与城市
空气污染——来自环境空气质量信息实时公开的证据［J］．统计
研究，40（6）：77-90.

［172］成金华，陈军．2009．中国城市化进程中的能源消费区域差异——
基于面板数据的实证研究［J］．经济评论，（3）：38-46.

［173］程钰，任建兰，陈延斌等．2016．中国环境规制效率空间格局动
态演变及其驱动机制［J］．地理研究，（1）：123-136.

［174］崔百胜，朱麟．2016．基于内生增长理论与 GVAR 模型的能源消费
控制目标下经济增长与碳减排研究［J］．中国管理科学，24（1）：
11-20.

［175］崔惠玉，王宝珠，徐颖．2023．绿色金融创新、金融资源配置与
企业污染减排［J］．中国工业经济，（10）：118-136.

［176］戴彦德，吕斌，冯超．2015."十三五"中国能源消费总量控制

与节能 [J]. 北京理工大学学报：社会科学版，17（1）：1-7.

[177] 丁莹. 2020. 节能环保支出政策效应研究 [D]. 吉林大学.

[178] 杜克锐，欧阳晓灵，郑泳薇. 2023. 环境规制是否促进我国城市的绿色经济增长？[J]. 统计研究，40（12）：39-49.

[179] 杜龙政，赵云辉，陶克涛等. 2019. 环境规制、治理转型对绿色竞争力提升的复合效应——基于中国工业的经验证据 [J]. 经济研究，54（10）：106-120.

[180] 段小燕，王静，彭伟. 2014. 我国四大经济区能源效率差异及其影响因素分析——基于单阶段随机前沿模型 [J]. 华东经济管理，（7）：65-69.

[181] 段宏波，张古鹏，范英，等. 2016. 基于内生能源效率改进的宏观减排结构分析 [J]. 管理科学学报，19（07）：10-23.

[182] 段宏波，张古鹏，范英，等. 2016. 基于内生能源效率改进的宏观减排结构分析 [J]. 管理科学学报，19（07）：10-23.

[183] 范秋芳，王丽洋. 2018. 中国全要素能源效率及区域差异研究——基于 BCC 和 Malmquist 模型 [J]. 工业技术经济，（12）：61-69.

[184] 范玉波. 2016. 环境规制的产业结构效应：历史、逻辑与实证 [D]. 山东大学.

[185] 封亦代，刘耀彬，程风雨. 2023. 中国城市绿色全要素能源效率的区域差异及空间收敛 [J]. 地理研究，42（9）：2343-2368.

[186] 冯等田. 2007. 中国区域能源经济与环境规制 [D]. 兰州大学.

[187] 冯卓. 2013. 基于 SCP 框架的中国能源产业环境规制政策效应研究 [D]. 辽宁大学.

[188] 傅京燕. 2010. 环境规制、要素禀赋与贸易模式的理论及实证研究 [M]. 经济科学出版社.

[189] 傅强，马青. 2016. 地方政府竞争与环境规制：基于区域开放的异质性研究 [J]. 中国人口·资源与环境，（3）：69-75.

[190] 干春晖，郑若谷，余典范. 2011. 中国产业结构变迁对经济增长

和波动的影响 [J]. 经济研究, 46 (5): 4-16+31.

[191] 高明, 陈巧辉. 2019. 不同类型环境规制对产业升级的影响 [J]. 工业技术经济, (1): 91-99.

[192] 高正斌, 倪志良. 2019. 财政压力、环境规制与污染 [J]. 西南民族大学学报, (10): 115-124.

[193] 关伟, 许淑婷. 2016. 中国能源生态效率的空间格局与空间效应 [J]. Journal of Geographical Sciences, (9): 1362-1376.

[194] 郭俊杰, 方颖, 郭晔. 2024. 环境规制、短期失败容忍与企业绿色创新——来自绿色信贷政策实践的证据 [J]. 经济研究, 59 (3): 112-129.

[195] 郭开元, 杨夏菲, 郑红丽. 2020. 青年吸毒的影响因素分析——基于决策树方法的分析 [J]. 中国青年社会科学, 39 (2): 115-123.

[196] 郭文. 2016. 环境规制影响区域能源效率的阈值效应 [J]. 软科学, (11): 61-65.

[197] 韩超, 陈震. 2023. 在平衡中推动绿色发展: 偏向西部的区域协调发展是否促进污染物减排? [J]. 经济学 (季刊), 23 (3): 948-964.

[198] 韩超, 李鑫平. 2023. 在自动化中推动企业绿色转型: 技术进步与产品重构效应 [J]. 数量经济技术经济研究, 40 (4): 72-93.

[199] 韩超, 孙晓琳, 李静. 2021. 环境规制垂直管理改革的减排效应——来自地级市环保系统改革的证据 [J]. 经济学 (季刊), 21 (1): 335-360.

[200] 韩晶, 陈超凡, 施发启. 2014. 中国制造业环境效率、行业异质性与最优规制强度 [J]. 统计研究, (3): 61-67.

[201] 韩超, 刘鑫颖, 王海. 2016. 规制官员激励与行为偏好——独立性缺失下环境规制失效新解 [J]. 管理世界, (2): 82-94.

[202] 何可, 朱信凯, 李凡略. 2023. 聚"碳"成"能": 碳交易政策如何缓解农村能源贫困? [J]. 管理世界, 39 (12): 122-144.

[203] 贺三维，张臻，甘杨旸．2022．隐性经济视角下异质性环境规制对雾霾污染的时空效应［J］．经济地理，42（4）：178-189．

[204] 胡本田，皇慧慧．2018．政府环境规制对中国能源效率的影响分析［J］．华北理工大学学报，（2）：17-23．

[205] 胡秋阳．2014．回弹效应与能源效率政策的重点产业选择［J］．经济研究，（2）：128-140．

[206] 胡志高，李光勤，曹建华．2019．环境规制视角下的区域大气污染联合治理——分区方案设计、协同状态评价及影响因素分析［J］．中国工业经济，（5）：24-42．

[207] 黄和平，李莹．2023．环境税费改革对能源利用效率的影响与作用机制研究［J］．中国环境科学，43（7）：3821-3834．

[208] 黄清煌，高明．2017．环境规制的节能减排效应研究——基于面板分位数的经验分析［J］．科学学与科学技术管理，（1）：30-43．

[209] 贾俊雪，罗理恒，顾嘉．2023．地方政府环境规制与经济高质量发展［J］．中国工业经济，（5）：99-117．

[210] 蒋为．2015．环境规制是否影响了中国制造业企业研发创新？——基于微观数据的实证研究［J］．财经研究，（2）：76-87．

[211] 金刚，沈坤荣，孙雨亭．2020．气候变化的经济后果真的"亲贫"吗［J］．中国工业经济，（9）：42-60．

[212] 孔祥利，毛毅．2010．我国环境规制与经济增长关系的区域差异分析——基于东、中、西部面板数据的实证研究［J］．南京师大学报：社会科学版，（1）：56-60．

[213] 赖小东，詹伟灵．2023．万家企业节能减排政策对企业绿色技术创新的影响及其内在机制［J］．中国人口·资源与环境，33（4）：104-114．

[214] 李斌，陈崇诺．2016．异质型环境规制对中国工业能源效率影响的实证检验［J］．统计与决策，（3）：129-132．

[215] 李宏兵，张兵兵，谷均怡．2019．本土市场规模与中国能源效率

提升：基于动态面板门槛效应的实证研究 [J]．中国人口·资源与环境，(5)：61-70．

[216] 李虹，邹庆．2018．环境规制、资源禀赋与城市产业转型研究——基于资源型城市与非资源型城市的对比分析 [J]．经济研究，53(11)：182-198．

[217] 李磊，卢现祥．2023．中国碳市场的政策效应：综述与展望 [J]．中国人口·资源与环境，33 (10)：156-164．

[218] 李廉水，徐瑞．2016．环境规制对中国制造业技术创新的影响研究 [J]．河海大学学报（哲学社会科学版），(3)：32-37．

[219] 李鹏．2018．绿色转型中技术进步促进生态文明建设的机制及政策研究 [D]．对外经济贸易大学．

[220] 李强，聂锐．2009．环境规制与区域技术创新——基于中国省际面板数据的实证分析 [J]．中南财经政法大学学报，(4)：18-23．

[221] 李青原，肖泽华．2020．异质性环境规制工具与企业绿色创新激励——来自上市企业绿色专利的证据 [J]．经济研究，55 (9)：192-208．

[222] 李瑞忠，陈铮．苏宏田．2019.2018 我国能源消费形势分析 [J]．煤炭经济研究，(7)：4-9．

[223] 李胜兰，初善冰，申晨．2014．地方政府竞争、环境规制与区域生态效率 [J]．世界经济，(4)：88-110．

[224] 李婉红，毕克新，曹霞．2013．环境规制工具对制造企业绿色技术创新的影响———以造纸及纸制品企业为例 [J]．系统工程，(10)：112-122．

[225] 李文鸿，曹万林．2020.FDI、环境规制与区域绿色创新效率 [J]．统计与决策，(19)：118-122．

[226] 李正升，李瑞林，王辉．2017．中国式分权竞争与地方政府环境支出——基于省级面板数据的空间计量分析 [J]．经济经纬，34 (1)：130-135．

[227] 李后建.2013.腐败会损害环境政策执行质量吗？[J].中南财经政法大学学报，(6)：34-42.

[228] 李怀政.2011.环境规制、技术进步与出口贸易扩张——基于我国28个工业大类 VAR 模型的脉冲响应与方差分解 [J].国际贸易问题，(12)：130-137.

[229] 李启庚，冯艳婷，余明阳.2020.环境规制对工业节能减排的影响研究——基于系统动力学仿真 [J].华东经济管理，34（5）：64-72.

[230] 李强.2013.环境规制与产业结构调整——基于 Baumol 模型的理论分析与实证研究 [J].经济评论，(5)：100-107+146.

[231] 李眺.2013.环境规制、服务业发展与我国的产业结构调整 [J].经济管理，35（8）：1-10.

[232] 刘环环.2009.生物强化技术的研究进展 [J].中小企业管理与科技（下旬刊），(11)：272-273.

[233] 廖显春，夏恩龙.2015.为什么中国会对 FDI 具有吸引力？——基于环境规制与腐败程度视角 [J].世界经济研究，(1)：112-119.

[234] 林伯强，吴微.2020.全球能源效率的演变与启示——基于全球投入产出数据的 SDA 分解与实证研究 [J].经济学（季刊），19（2）：663-684.

[235] 林伯强，姚昕，刘希颖.2010.节能和碳排放约束下的中国能源结构战略调整 [J].中国社会科学，(1)：58-72.

[236] 林春，孙英杰.2019.环境规制与全要素生产率：水平效应与增长效应 [J].当代财经，(3)：52-67.

[237] 刘海云，龚梦琪.2017.环境规制与外商直接投资对碳排放的影响 [J].城市问题，(7)：69-75.

[238] 刘浩旻，张在旭，王丽洋.2018.供给侧改革视域下中国省域能源效率及影响因素研究.统计与决策，(22)：131-136.

[239] 刘和旺，郑世林，左文婷.2016.环境规制对企业全要素生产率

的影响机制研究 [J]. 科研管理, 37 (5)：33-41.

[240] 刘华军, 石印, 郭立祥等. 2022. 新时代的中国能源革命：历程、成就与展望 [J]. 管理世界, 38 (7)：6-24.

[241] 刘金林, 冉茂盛. 2015. 环境规制、行业异质性与区域产业集聚——基于省际动态面板数据模型的 GMM 方法 [J]. 财经论丛, (1)：16-23.

[242] 刘立涛, 沈镭. 2010. 中国区域能源效率时空演进格局及其影响因素分析 [J]. 自然资源学报, (12)：2142-2153.

[243] 柳亚琴, 赵国浩. 2016. 碳排放约束下能源经济效率的区域空间分布研究——基于能源消费结构门槛视角 [J]. 河海大学学报(哲学社会科学版), (2)：41-47.

[244] 龙如银, 杨冉冉, 牛源. 2014. 江苏省节能减排绩效的区域比较研究 [J]. 北京理工大学学报 (社会科学版), 16 (6)：7-13.

[245] 龙硕, 胡军. 2014. 政企合谋视角下的环境污染：理论与实证研究 [J]. 财经研究, 40 (10)：131-144.

[246] 娄昌龙. 2016. 环境规制、技术创新与劳动就业 [D]. 重庆大学.

[247] 陆菁. 2007. 环境规制与国际贸易的实证研究 [D]. 浙江大学.

[248] 罗世华, 王栋. 2022. 碳交易政策对省域全要素能源效率的影响效应 [J]. 经济地理, 42 (7)：53-61.

[249] 马大来, 武文丽, 董子铭. 2017. 中国工业碳排放绩效及其影响因素 [J]. 中国经济问题, (1)：121-135.

[250] 马海良, 董书丽. 2020. 不同类型环境规制对碳排放效率的影响 [J]. 北京理工大学学报, (4)：1-10.

[251] 马丽. 2015. 环境规制对西部地区资源型产业竞争力影响研究 [D]. 兰州大学.

[252] 毛建辉. 2019. 政府行为、环境规制与区域技术创新——基于区域异质性和路径机制的分析 [J]. 山西财经大学学报, (5)：16-27.

[253] 孟凡生, 韩冰. 2016. 政府环境规制对企业低碳技术创新行为的

影响机制研究［J］. 预测，（12）：62-75.

［254］牛丽娟 .2016. 环境规制对西部地区能源效率影响研究［D］. 兰州大学 .

［255］潘雄锋，刘清，张维维 .2014. 空间效应和产业转移双重视角下的我国区域能源效率收敛性分析［J］. 管理评论，（5）：23-29.

［256］潘岳 .2014. 大力推动公众参与创新环境治理模式［J］. 环境保护，42（23）：13-15.

［257］彭代彦，张俊 .2019. 环境规制对中国全要素能源效率的影响研究［J］. 工业技经济，（2）：59-67.

［258］彭星 .2016. 环境分权有利于中国工业绿色转型吗？——产业结构升级视角下的动态空间效应检验［J］. 产业经济研究，（2）：21-31.

［259］齐绍洲，云波，李锴 .2009. 中国经济增长与能源消费强度差异的收敛性及机理分析 . 经济研究，（4）：56-64.

［260］祁毓，卢洪友，徐彦坤 .2014. 中国环境分权体制改革研究：制度变迁、数量测算与效应评估［J］. 中国工业经济，（1）：31-43.

［261］钱娟，李金叶 .2017. 不同类型技术进步的节能减排绩效及其动态变化［J］. 技术经济，（4）：63-71.

［262］钱娟 .2018. 能源节约偏向型技术进步对经济增长、节能减排的影响研究［D］. 新疆大学 .

［263］秦琳贵，沈体雁 .2020. 地方政府竞争、环境规制与全要素生产率［J］. 经济经纬，（5）：1-8.

［264］邱士雷，王子龙，刘帅等 .2018. 非期望产出约束下环境规制对环境绩效的异质性效应研究［J］. 中国人口·资源与环境，（12）：40-48.

［265］任胜钢，胡兴，袁宝龙 .2016. 中国制造业环境规制对技术创新影响的阶段性差异与行业异质性研究［J］. 科技进步与对策，（12）：59-66.

[266] 尚晶，刘海英.2019.中国工业节能绩效与环保绩效协调性研究 [J].南京财经大学学报，（1）：88-98.

[267] 邵帅，范美婷，杨莉莉.2022.经济结构调整、绿色技术进步与 中国低碳转型发展——基于总体技术前沿和空间溢出效应视角的 经验考察 [J].管理世界，38（2）：46-69+4-10.

[268] 邵帅，葛力铭，朱佳玲.2024.人与自然何以和谐共生：地理要 素视角下的环境规制与环境福利绩效 [J].管理世界，40（8）： 119-146.

[269] 邵帅，杨莉莉，黄涛.2013.能源回弹绩效的理论模型与中国经 验 [J].经济研究，（2）：96-109.

[270] 邵帅，张可，豆建民.2019.经济集聚的节能减排效应：理论与 中国经验 [J].管理世界，35（1）：36-60+226.

[271] 申晨，李胜兰，黄亮雄.2018.异质性环境规制对中国工业绿色 转型的影响机制研究——基于中介效应的实证分析 [J].南开经 济研究，（5）：95-113.

[272] 沈坤荣，金刚，方娴.2017.环境规制引起了污染就近转移吗？ [J].经济研究，（5）：46-53.

[273] 沈坤荣，周力.2020.地方政府竞争、垂直型环境规制与污染回 流效应 [J].经济研究，55（3）：35-49.

[274] 沈能，胡怡莎，彭慧.2020.环境规制是否能激发绿色创新？[J]. 中国人口·资源与环境，（4）：75-84.

[275] 沈能，刘凤朝.2012.高强度的环境规制真能促进技术创新吗？—— 基于"波特假说"的再检验 [J].中国软科学，（4）：49-59.

[276] 盛丹，张国峰.2019.两控区环境管制与企业全要素生产率增长 [J].管理世界，35（2）：24-42+198.

[277] 盛昭瀚，柳炳祥.2005.客户流失危机分析的决策树方法 [J]. 管理科学学报，（2）：20-25.

[278] 师博，沈坤荣.2013.政府干预、经济集聚与能源效率 [J].管

理世界，（10）：6-18.

[279] 师博，张良悦.2008.我国区域能源效率收敛性分析［J］.当代财经，（2）：17-21.

[280] 时乐乐，赵军.2018.环境规制、技术创新与产业结构升级.［J］.科研管理，（1）：119-125.

[281] 史丹，李少林.2020.排污权交易制度与能源利用效率——对地级及以上城市的测度与实证［J］.中国工业经济，（9）：5-23.

[282] 史丹.2002.我国经济增长过程中能源利用效率的改进［J］.经济研究，（9）：49-57.

[283] 宋马林，杨杰，孙欣.2008.国内各地区节能减排评价研究［J］.资源科学，（1）：31-35.

[284] 孙博文，郑世林.2024.环境规制的减污降碳协同效应——来自清洁生产标准实施的准自然实验［J］.经济学（季刊），24（2）：624-642.

[285] 孙广生，杨先明，黄祎.2011.中国工业行业的能源效率（1987-2005）——变化趋势、节能潜力与影响因素研究［J］.中国软科学，（11）：29-39.

[286] 孙立成，周德群，李群.2008.能源利用效率动态变化的中外比较研究［J］.数量经济技术经济研究，25（8）：57-69.

[287] 孙伟.2016.政府投入与环境规制的创新效应研究［D］.安徽大学.

[288] 孙焱林，温湖炜等.2016.省域异质性视角下中国能源绩效的测算与分析［J］.干旱区资源与环境，（12）：8-13.

[289] 陶长琪，李翠，王夏欢.2018.环境规制对全要素能源效率的作用效应与能源消费结构演变的适配关系研究［J］.中国人口·资源与环境，（4）：98-108.

[290] 陶长琪，周璇.2016.环境规制与技术溢出耦联下的省域技术创新能力评价研究［J］.科研管理，（9）：28-38.

[291] 田洪彬，郝雯雯.2020.FDI与环境规制与绿色创新效率［J］.（8）：

174-183.

[292] 田立新，刘雅婷．2012．长三角地区节能减排演化情景分析及预测 [J]．管理学报，9（4）：611-614.

[293] 童健，刘伟，薛景．2016．环境规制、要素投入结构与工业行业转型升级 [J]．经济研究，（7）：43-57.

[294] 王班班，齐绍洲．2014．有偏技术进步、要素替代与中国工业能源强度 [J]．经济研究，49（2）：115-127.

[295] 王杰，李治国．2023．环境规制策略互动与绿色创新——来自市场型与命令型环境规制的证据 [J]．统计研究，40（12）：26-38.

[296] 王林辉，王辉，董直庆．2020．经济增长和环境质量相容性政策条件——环境技术进步方向视角下的政策偏向效应检验 [J]．管理世界，36（3）：39-60.

[297] 王群伟，周德群．2008．能源回弹绩效测算的改进模型及其实证研究 [J]．管理学报，5（5）：688-693.

[298] 王少剑，高爽等．2020．基于超效率SBM模型的中国城市碳排放绩效时空演变格局及预测 [J]．地理学报，（6）：1326-1330.

[299] 王诗宗，章志涵．2024．目标责任制：一种中国特色的层级驱动机制 [J]．浙江工商大学学报，（5）：5-13.

[300] 王询，张为杰．2011．环境规制、产业结构与中国工业污染的区域差异——基于东、中、西部Panel Data的经验研究 [J]．财经问题研究，（11）：23-30.

[301] 王艳丽，钟奥．2016．地方政府竞争、环境规制与高耗能产业转移——基于"逐底竞争"和"污染避难所"假说的联合检验 [J]．山西财经大学学报，（8）：46-54.

[302] 王永培，马丁，单葆国．2017．电网发展、清洁电源接入与地区能源效率 [J]．中国人口·资源与环境，（3）：39-48.

[303] 王宇澄．2015．基于空间面板模型的我国地方政府环境规制竞争研究 [J]．管理评论，（8）：23-32.

[304] 王兆华，丰超 .2015. 中国区域全要素能源效率及其影响因素分析——基于 2003-2010 年的省际面板数据 [J]. 系统工程理论与实践，(6)：1361-1372.

[305] 王超，李真真，蒋萍 .2021. 环境规制政策对中国重污染工业行业技术创新的影响机制研究 [J]. 科研管理，42 (2)：88-99.

[306] 王文普 .2013. 环境规制、空间溢出与地区产业竞争力 [J]. 中国人口·资源与环境，23 (8)：123-130.

[307] 王勇，李建民 .2015. 环境规制强度衡量的主要方法、潜在问题及其修正 [J]. 财经论丛，(5)：98-106.

[308] 魏一鸣，廖华 .2010. 能源效率的七类测度指标及其测度方法 [J]. 中国软科学，(1)：128-137.

[309] 吴大龙 .2016. 产业结构升级、能源结构优化与产业体系低碳化发展 [J]. 经济研究，(12)：62-75.

[310] 吴开尧，朱启贵 .2011. 国内节能减排指标研究进展 [J]. 统计研究，28 (1)：16-22.

[311] 吴映梅，张雷，李亚等 .2006. 西部能源系统的时空绩效及其协调发展 [J]. 资源科学，28 (5)：114-119.

[312] 肖士恩，牛风君，王军英 .2023. 区域差异视角下环境规制的能源错配效应 [J]. 中国人口·资源与环境，33 (2)：73-80.

[313] 肖涛，张宗益，呙小明 .2012. 八大经济区能源消耗与经济增长关系的实证研究 [J]. 科研管理，33 (4)：139-146.

[314] 谢邦昌，么海亮 .2013. 基于穷尽 CHAID 算法的中国上市公司财务危机模型 [J]. 统计与决策，(1)：83-85.

[315] 邢永康，马少平 .2003. 统计语言模型综述 [J]. 计算机科学，(9)：22-26.

[316] 夏永久，陈兴鹏，李娜 .2006. 西北河谷型城市环境政策评价研究——以兰州市为例 [J]. 兰州大学学报，(2)：1-5.

[317] 熊艳 .2011. 基于省际数据的环境规制与经济增长关系 [J]. 中

国人口·资源与环境，21（5）：126-131.

［318］熊灵，闫烁，杨冕. 2023. 金融发展、环境规制与工业绿色技术创新——基于偏向性内生增长视角的研究［J］. 中国工业经济，（12）：99-116.

［319］徐成龙，程钰. 2016. 新常态下山东省环境规制对工业结构调整及其大气环境效应研究［J］. 自然资源学报，（10）：1662-1674.

［320］姚静武. 2010. 环境制度约束下中国工业经济能源效率研究［D］. 武汉大学.

［321］叶琴，曾刚，戴劭勍等. 2018. 不同环境规制工具对中国节能减排技术创新的影响——基于285个地级市面板数［J］. 中国人口·资源与环境，28（2）：115-122.

［322］殷宝庆. 2013. 环境规制与技术创新［D］. 浙江大学.

［323］尤济红，高志刚. 2013. 政府环境规制对能源效率影响的实证研究——以新疆为例［J］. 资源科学，35（6）：1211-1219.

［324］闫文娟，郭树龙. 中国环境规制如何影响了就业——基于中介效应模型的实证研究［J］. 财经论丛，2016，（10）：105-112.

［325］杨海生，周永章，林剑箐. 2008. 中国城市大气环境库兹涅茨曲线——来自动态面板数据的证据［J］. 资源开发与市场，（07）：613-617.

［326］于文超，何勤英. 2014. 政治联系、环境政策实施与企业生产效率［J］. 中南财经政法大学学报，（2）：143-149.

［327］于斌斌，金刚，程中华. 2019. 环境规制的经济效应："减排"还是"增效"［J］. 统计研究，36（2）：88-100.

［328］于亚卓，张惠琳，张平淡. 2021. 非对称性环境规制的标尺现象及其机制研究［J］. 管理世界，37（9）：134-147.

［329］余东华，胡亚男. 2016. 环境规制趋紧阻碍中国制造业创新能力提升吗？——基于"波特假说"的再检验［J］. 产业经济研究，（2）：11-20.

[330] 余柯瑶，李志刚，杨舒惠等.2023.异质型环境规制对长江经济带高质量发展的影响及差异 [J].经济地理，43（10）：34-43.

[331] 余泳泽，孙鹏博，宣烨.2020.地方政府环境目标约束是否影响了产业转型升级？[J].经济研究，55（8）：57-72.

[332] 原毅军，郭丽丽，孙佳.2012.结构、技术、管理与能源利用效率——基于2000—2010年中国省际面板数据的分析 [J].中国工业经济，（7）：18-30.

[333] 张芳，于海婷.2024.绿色信贷政策驱动重污染企业绿色创新了吗——基于企业生命周期理论的实证检验 [J].南开管理评论，27（3）：118-128+193+129-130.

[334] 张红凤，周峰等.2009.环境保护与经济发展双赢的规制绩效实证分析 [J].经济研究，（3）：14-26.

[335] 张华，魏晓平.2013.绿色悖论抑或倒逼减排——环境规制对碳排放影响的双重效应 [J].经济评论，（12）：100-107.

[336] 张华.2016.地区间环境规制的策略互动研究——对环境规制非完全执行普遍性解释 [J].中国工业经济，（7）：74-90.

[337] 张可，汪东芳，周海燕.2016.地区间环保投入与污染排放的内生策略互动 [J].中国工业经济，（2）：68-82.

[338] 张琳玲，龙如银，陈红.2018.考虑能源投入的安徽省工业企业绩效研究 [J].华东经济管理，（4）：11-18.

[339] 张平，张鹏鹏，蔡国庆.2016.不同类型环境规制对企业技术创新影响比较研究 [J].中国人口·资源与环境，（4）：8-13.

[340] 张倩.2016.环境规制对企业技术创新的影响机理及实证研究 [D].哈尔滨工业大学.

[341] 张瑞.2013.环境规制、能源生产力与中国经济增长 [D].重庆大学.

[342] 张伟，朱启贵，高辉.2016.产业结构升级、能源结构优化与产业体系低碳化发展 [J].经济研究，（12）：62-75.

［343］张文彬，张理芃，张可云 .2010. 中国环境规制强度省际竞争形态及其演变——基于两区制空间 Durbin 固定效应模型的分析［J］.管理世界，（12）：34-44.

［344］张振华，张国兴 .2020. 地方政府竞争视角下跨区域环境规制的演化博弈策略研究展［J］.中国石油大学学报，（4）：9-16.

［345］张振华，张国兴等 .2020. 科技领域环境规制政策演进研究［J］.科学学研究，（1）：45-53.

［346］张中元，赵国庆 .2012. 环境规制对 FDI 溢出效应的影响——来自中国市场的证据［J］.经济理论与经济管理，（2）：28-36.

［347］张华，丰超 .2015. 扩散还是回流：能源效率空间交互效应的识别与解析［J］.山西财经大学学报，37（5）：50-62.

［348］赵金楼，李根等 .2013. 我国能源效率地区差异及收敛性分析 .中国管理科学，21（2）：175-184.

［349］赵楠，王辛睿，朱文娟 .2015. 中国省际能源利用效率收敛性研究［J］.统计研究，（3）：29-35.

［350］赵爽，李萍 .2016. 环境规制、政府行为与产业结构演进［J］.生态经济，（10）：36-50.

［351］赵玉民，朱方明，贺立龙 .2009. 环境规制的界定、分类与演进研究［J］.中国人口·资源与环境，19（6）：85-90.

［352］郑越 .2017. 环境规制对中国工业全要素能源效率的影响研究［D］.哈尔滨工程大学，2017.

［353］周建 .2007. 实现环境优化经济发展的政策实践——在第三届亚欧环境部长会议上的发言［J］.环境保护，（11）：4-5.

［354］周雄勇，许志端，郗永勤 .2018. 中国节能减排系统动力学模型及政策优化仿真［J］.系统工程理论与实践，38（6）：1422-1444.

［355］周杰琦，夏南新，梁文光 .2018. 外资节能技术溢出、要素市场扭曲与能源效率［J］.华东经济管理，32（10）：34-44.

［356］周黎安 .2007. 中国地方官员的晋升锦标赛模式研究［J］.经济研

究，（7）；36-50.

[357] 周肖肖 .2016. 中国环境规制对化石能源耗竭路径的影响研究
[D]. 中国矿业大学 .

[358] 周亚虹，杨岚，姜帅帅 .2023. 约束性碳减排与就业——基于企业
和地区劳动力变化的考察 [J]. 经济研究，58（7）：104-120.

[359] 周长富，杜宇玮，彭安平 .2016. 环境规制是否影响了我国 FDI 的区
位选择？——基于成本视角的实证研究 [J]. 世界经济研究，（1）：
110-120.

[360] 朱东波，任力 .2017. 环境规制、外商直接投资与中国工业绿色
转型 [J]. 国际贸易问题，（11）：72-83.

[361] 朱平芳，张征宇，姜国麟 .2011.FDI 与环境规制：基于地方分权
视角的实证研究 [J]. 经济研究，（6）：133-145.

[362] 朱金鹤，王雅莉 .2018. 创新补偿抑或遵循成本？污染光环抑或
污染天堂？——绿色全要素生产率视角下双假说的门槛效应与空
间溢出效应检验 [J]. 科技进步与对策，35（20）：46-54.

[363] 邹艳芬 .2014. 能源消费波动特征分析——基于门限分位点回归模
型 [J]. 北京理工大学学报（社会科学版），16（3）：38-42.

[364] 庄之乔，晏维龙 .2017. 中国能源利用结构优化的技术创新能力
贡献：理论与实证 [J]. 南京社会科学，（10）：24-31.

图书在版编目（CIP）数据

中国区域环境规制与节能绩效／邹艳芬，陆宇海，
万小影著 . --北京：社会科学文献出版社，2024.12.
ISBN 978-7-5228-4824-2

Ⅰ.F424.1

中国国家版本馆 CIP 数据核字第 20246E13K0 号

中国区域环境规制与节能绩效

著　　者／邹艳芬　陆宇海　万小影

出 版 人／冀祥德
组稿编辑／陈凤玲
责任编辑／李真巧
责任印制／岳　阳

出　　版／社会科学文献出版社·经济与管理分社（010）59367226
　　　　　地址：北京市北三环中路甲 29 号院华龙大厦　邮编：100029
　　　　　网址：www.ssap.com.cn
发　　行／社会科学文献出版社（010）59367028
印　　装／三河市龙林印务有限公司

规　　格／开　本：787mm×1092mm　1/16
　　　　　印　张：13.75　字　数：199 千字
版　　次／2024 年 12 月第 1 版　2024 年 12 月第 1 次印刷
书　　号／ISBN 978-7-5228-4824-2
定　　价／89.00 元

读者服务电话：4008918866